TRINITY

W0054261

ANGELA METZLAFF

Vergebung
macht stark

Lass los,
was dich verletzt

TRINITY

Die in diesem Buch vorgestellten Informationen und Empfehlungen sind nach bestem Wissen und Gewissen geprüft. Dennoch übernehmen die Autorin und der Verlag keinerlei Haftung für Schäden irgendwelcher Art, die sich direkt oder indirekt aus dem Gebrauch der hier beschriebenen Methoden ergeben. Bitte nehmen Sie bei ernsthaften Beschwerden immer professionelle Diagnose und Therapie durch ärztliche oder psychotherapeutische Hilfe in Anspruch.

Die Bibelzitate wurden folgenden Ausgaben entnommen:
Lutherbibel – Standardausgabe mit Apokryphen. Durchgesehene Ausgabe in neuer Rechtschreibung 2006. Deutsche Bibelgesellschaft. Stuttgart.
Elberfelder Studienbibel. 9. Gesamtauflage. 5. Auflage 2015. SCM R. Brockhaus, Witten.
Die Zitate aus *Ein Kurs in Wundern* wurden der folgenden Ausgabe entnommen: *Ein Kurs in Wundern.* 7. Auflage 2006. Greuthof Verlag, Freiburg.

1. Auflage
Originalausgabe
© 2017 Trinity Verlag in der Scorpio Verlag
GmbH & Co. KG, München
Umschlaggestaltung: Guter Punkt, München, unter Verwendung
eines Fotos von © Angela Metzlaff
Layout & Satz: BuchHaus Robert Gigler, München
Druck und Bindung: Pustet, Regensburg
ISBN 978-3-95550-226-3
Alle Rechte vorbehalten.
www.trinity-verlag.de

Inhaltsverzeichnis

Einladung

In meinen Workshops und Seminaren biete ich immer allen Teilnehmern das »Du« an. Da unsere bevorstehende gemeinsame Reise etwas Persönliches wird, möchte ich dieses Angebot hiermit, im Rahmen dieses Buches, auch an dich weitergeben. So wie den Teilnehmern meiner Trainings und Workshops biete ich auch dir an, bei einem persönlichen Treffen selbst zu entscheiden, ob wir bei der »Du-Form« bleiben oder elegant wieder zum »Sie« wechseln.

Dieses Buch, das du in deinen Händen hältst, beinhaltet Informationen, die dich dabei unterstützen werden, dein Leben »in richtig« zu leben: ein erfülltes und glückliches Leben. »Vergebung macht stark« umfasst dabei all die Erfahrungen und Erkenntnisse, die mir auf meinem Weg zum höchsten Segen gereicht haben. Und sie werden das auch für dich bewirken, wenn du bereit bist, dich bedingungslos darauf einzulassen.

Im Verlauf der nächsten Seiten wirst du einige Querverweise zu *Ein Kurs in Wundern* finden, dessen Schülerin und Lehrerin ich seit vielen Jahren bin. Im Juli 2013 durfte ich diesbezüglich meine geistige Mentorin, die amerikanische Erfolgsautorin Marianne Williamson, in Berlin kennenlernen. In einem persönlichen Gespräch ermutigte Marianne mich, die Lehren von

Ein Kurs in Wundern in Deutschland publik zu machen. Seither widme ich mich der Verbreitung der Lehre, um sie für jeden verständlich und alltagstauglich umsetzbar zu machen. Die im *Kurs* vermittelten Prinzipien sind die Basis meiner Art, im Leben zu stehen. Durch die metaphysischen Texte des *Kurses* habe ich gelernt, meine Ängste objektiv zu betrachten und mich auf die Ebene des neutralen Beobachters zu begeben.

Im Laufe der Jahre erkannte ich immer mehr die Analogien von *Ein Kurs in Wundern* zur Bibel und betrachte mich heute als freigeistliche Christin, die sich dem intensiven Studium beider Schriften widmet. Mir ist es an dieser Stelle wichtig, dass du weißt, dass ich keiner konventionellen Kirche angehöre, da mein Verständnis für Gott und die Liebe an meinen höchsten Wert gekoppelt ist: Freiheit!

Mein Leben hat diese Entwicklung von Grund auf verändert. Es ist meine tiefste Überzeugung, dass vor allem die Prinzipien des *Kurses,* nämlich Liebe, Vergebung und Dankbarkeit, bei konsequenter Anwendung jedem ein Leben voller Wunder ermöglichen. Liebe ist eine Entscheidung!

Ein Wunder im Sinne des *Kurses* bedeutet die Verschiebung unserer Sichtweise von der Angst zur Liebe. Diese ermöglicht es uns letzten Endes, wahrhaft zu vergeben und somit wirkliche Freiheit und inneren Frieden zu generieren. Für mich ein essenzieller Schritt, um diese Welt wirklich zum Besseren zu verändern.

Mein Tipp für dich: Bitte lege dir zu Beginn ein Tagebuch beziehungsweise Notizbuch an. Nutze es, um deine Gedanken und alles für dich Wichtige zu notieren. Es gibt im Buch immer wieder Bereiche, die du ebenfalls für Notizen nutzen kannst, doch ist dieser Raum natürlich etwas begrenzt. Ein eigens für diesen Zweck angelegtes Tagebuch gibt dir wesentlich mehr Spielraum. Alles Erfahrene bekommt beim Schreiben noch mal eine ganz neue Qualität und wird automatisch vertieft.

Jedes Kapitel schließt mit einem Teil, den ich »Auf den Punkt gebracht« genannt habe, und einer dazugehörigen »Mir bewusst sein«-Übung. Den größten Nutzen ziehst du aus diesen Übungen, wenn du dabei ehrlich und achtsam mit dir selbst bist.

Meine Empfehlung ist, dass du dir für die Übungen einen Ort der Ruhe wählst. Sei es dir wert und nimm dir die Zeit für dich. Versorge dich mit einem Stift, einem Blatt Papier oder deinem Tagebuch und stell dir ein Glas Wasser bereit.

Durchlaufe die einzelnen Kapitel in deinem eigenen Rhythmus. Ein neues Bewusstsein zu etablieren hat nichts mit Schnelligkeit zu tun. Sicherlich kennst du das Sprichwort: »Rom wurde auch nicht an einem Tag erbaut.« Habe also nicht den Anspruch, dass sich deine dich noch auf gewisse Weise blockierenden Lebensthemen direkt nach den ersten Seiten komplett transformieren und/oder in Wohlgefallen auflösen – sei jedoch jederzeit offen dafür, dass es möglich ist!

Du kannst dieses Buch einfach nur lesen – oder dich ganz darauf einlassen. Die Entscheidung liegt bei dir. Die »Mir bewusst sein«-Übungen am Ende jedes Kapitels dienen vor allem deiner Unterstützung und der Vertiefung der von dir gewonnenen Erkenntnisse.

Das Allerwichtigste jedoch:
Habe Freude bei dem, was du tust.

Einleitung

Auf einen anderen Menschen, der einen verletzt hat, wütend sein ... nicht bereit sein, ihm zu vergeben – das ist so, als würde man selbst Gift trinken in der Hoffnung, dass der »Feind« daran stirbt. Sind wir jedoch bereit, unsere schmerzhafte Vergangenheit zu überwinden, machen wir uns selbst eines der größten Geschenke: Wir schenken uns innere Freiheit.

Als Teenager erlitt ich wiederholt sexuelle Übergriffe. Später drohte meine Partnerschaft an den Folgen dieser Übergriffe zu scheitern. Verletzte Menschen neigen dazu, andere Menschen zu verletzen. Das ist zumindest meine Erfahrung. Erst als ich *Ein Kurs in Wundern* entdeckte, erkannte ich, was wahre Vergebung für mein Leben bedeutet. Durch die Lektionen des *Kurses* befreite ich mich nach und nach von Wut, Hass und Bitterkeit und begann stattdessen Liebe, Lebensfreude und Zuversicht in meinem Leben Raum zu geben. Es ist in Wahrheit so einfach und doch gleichermaßen auch eine der größten Herausforderungen, der wir uns im Leben gegenübersehen. Die Entscheidung, uns an den Punkt führen zu lassen, an dem wir unseren tiefsten Ängsten achtsam in die Augen zu schauen lernen. Sie zu wandeln und stattdessen Liebe in allem zu sehen.

Vergeben wir nicht, vergiften wir unsere Seele mit Verbitterung und bestrafen uns damit selbst. Mir ist niemand bekannt, dem es dauerhaft gut geht, wenn Gefühle wie Wut und Groll in ihm toben.

Durch all die schmerzhaften Erfahrungen, die ich machen durfte, habe ich eine wichtige Lektion gelernt: Wenn ich jemandem vergebe, der mich verletzt hat, beschenke ich mich in Wahrheit selbst mit Freiheit und Wertschätzung. Diese großartige Erkenntnis macht es mir von Tag zu Tag leichter, umgehend mit Freude zu vergeben. Und das Leben bietet uns tagtäglich große und kleine Übungsfelder. Darauf ist Verlass, solange wir hier auf dieser Welt sind.

Sicherlich wäre es wunderbar gewesen, wenn ich die Erkenntnis, wie lebensverändernd wahre Vergebung ist, schon vor vielen Jahren erlangt hätte. Vieles wäre vielleicht einfacher gewesen. Doch weiß ich auch, dass ich genau die Zeit brauchte, die es gedauert hat, damit ich das, was ich durch den Weg der Vergebung gelernt habe, jetzt in diesem Buch vermitteln kann.

Den Weg der Vergebung zu gehen bedeutet: Schritt für Schritt mit seiner eigenen Geschichte in tiefen Frieden zu kommen und Liebe, Glück und Lebensfreude als einen nachhaltigen Zustand im Leben willkommen zu heißen.

Ich schreibe dieses Buch in dem tiefen Vertrauen, dass es dir in deinem Leben helfen wird, die Geschenke in all deinem Erleben zu entdecken, damit es dir gelingt, ein Leben in Frieden, Freiheit und Freude zu erfahren. Und mir ist bewusst, dass das Leben uns immer wieder Situationen präsentiert, bei denen wir uns in unseren kühnsten Träumen nicht vorstellen können, dass sie ein solches Geschenk für uns beinhalten. Und doch verbirgt sich auch in unserer dunkelsten Stunde ein Geschenk für uns, das uns zum höchsten Segen gereicht.

Auf den folgenden Seiten teile ich mit dir meine Wahrheit, so wie ich Leben sehe und gelernt habe, es zu verstehen. Es sind für mich essenzielle Wahrheiten, die dir dabei helfen werden zu erkennen, welch tiefer, wertvoller Schatz in dir verborgen liegt. Die Erfahrung hat mich gelehrt, dass das Leben uns hin und wieder ungerecht erscheint. Menschen verletzen, lügen, betrügen, sind auf ihren eigenen Vorteil bedacht. Einige von ihnen halten an zerstörerischen Überzeugungen und Süchten fest, und augenscheinlich starke Menschen scheuen sich nicht, Schwächere zu manipulieren und zu unterdrücken. Dieses Verhalten hinterlässt nicht selten tiefe, schmerzende Wunden. So war es auch bei mir. Wir können uns jedoch vom Schmerz dieser Wunden befreien, indem wir lernen, wahrhaftig zu vergeben, und vertrauen, dass Gott an unserer Seite ist, wenn wir bereit sind, uns von der Angst in die Liebe führen zu lassen. Denn genau diesen Schritt braucht es, wenn wir wirklich vergeben wollen.

Wahre Vergebung bedeutet: sich vorstellen können, dass der vermeintliche Peiniger durch die Tür kommt und du ihm Kaffee und Kuchen anbieten kannst ... ohne dass noch ein Fünkchen Groll in dir tobt ... dann bist du wirklich im Frieden mit der Geschichte, die euch verband.

Solltest du jetzt beim Lesen dieser Sätze ordentlich in Wallung kommen, dann bin ich sehr glücklich, dass dich mein Buch finden durfte. Glaube mir, als ich diesen Satz zum ersten Mal reflektiert habe, hatte ich in mir regelrechte Killerinstinkte. In mir hat sich alles gewehrt. Es ist also vollkommen okay, zu diesem Zeitpunkt, bei diesen Worten rebellisch zu reagieren. Es ist, wie es ist, und wir fangen ja gerade erst einmal an.

Ein Kurs in Wundern sagt: »Vergebung ist das Mittel, durch das wir uns erinnern werden. Durch Vergebung wird das Denken der Welt umgekehrt. Die Welt, der vergeben ist, wird zur Himmelspforte, weil wir uns durch ihr Erbarmen endlich selbst verzeihen können.«

Die Wurzeln der Unversöhnlichkeit sind mit dem verwoben, was der *Kurs* als Ego bezeichnet. Das Ego im Sinne des *Kurses* ist alles, was fern der Liebe ist: Neid, Angst, Zweifel, Missgunst, Sorge. In *Ein Kurs in Wundern* heißt es: »Unsere Aufgabe ist es nicht, die Liebe zu suchen, sondern die Barrieren in unserem Inneren zu entfernen, die wir gegen die Liebe errichtet haben.«

Es sind die Angstprojektionen dessen, was der *Kurs* das Ego nennt, die wie ein Wurzelwerk weit unter der Oberfläche wachsen und sich immer tiefer in unserem Inneren verankern, solange wir unserem Ego und seinen Geschichten Glauben schenken.

Das Ego ist das Gegenteil von Liebe in unserem Inneren. Es ist tückisch, will es uns doch weismachen, dass jemand für unser erlittenes Unrecht bestraft werden muss und wir bis dahin unmöglich glücklich sein können. Solange wir das Leben aus der Perspektive des Egos sehen, wollen wir für unseren Schmerz entschädigt werden und fühlen uns als Opfer der Umstände. Solange wir den Fehlwahrnehmungen unseres Egos Glauben schenken, trennen wir uns von Gott, also von der Liebe in uns, ab. Als Fehlwahrnehmung beschreibt der *Kurs* den Moment, in dem wir uns für die Angst statt für die Sichtweise der Liebe entscheiden. »Liebe wird jedoch sofort in den Geist eines jeden Menschen eintreten, der es sich wirklich wünscht«, heißt es dort.

Dieser Gedanke hat es mir ermöglicht, mir selbst das Denksystem meines Egos wahrhaft zu vergeben. Wunder geschehen auf natürliche Weise, als Äußerung der Liebe. Das wirkliche Wunder ist die Liebe. In diesem Sinne ist alles, was aus der Liebe kommt, ein Wunder.

So heißt es im *Kurs,* und ist es nicht so, dass wir uns genau das erhoffen? Ein Wunder, das uns durch unsere dunkelsten Stunden wieder ans Licht führt. Das Dinge ungeschehen macht und der Ungerechtigkeit in dieser Welt ein Ende setzt. Werden wir wieder zu Wunderwirkenden und machen einen Unterschied in dieser Welt!

Für mich war es ein langer Weg, bis ich sagen konnte, dass ich mich und mein Leben bedingungslos liebe. Bis ich sagen konnte:»Ich vergebe mir und allen anderen ... Ich bin frei und sie sind frei.«

Doch als ich im Frühjahr 2014 emotional am größten Tiefpunkt meines Lebens angekommen war, wurde meine innere Sehnsucht nach Frieden und Liebe so groß, dass ich begann zu beten. Das Gebet ist im Sinne des *Kurses* der Weg zur Entstehung von Wundern.

Ich betete und war bereit, alles zu tun, was nötig war, um das Leben aus einer neuen Sichtweise betrachten zu können. Ich legte mein Leben in Gottes Hände und ließ mich führen. Heute weiß ich, dass wir, ganz egal, wie entsetzlich eine Situation auch sein mag, immer die Wahl haben: Wir können uns in jedem Moment entscheiden, statt der Angst die Liebe zu wählen.»Nichts Wirkliches kann bedroht werden. Nichts Unwirkliches existiert. Hierin liegt der Friede Gottes«, heißt es in *Ein Kurs in Wundern*. Und nur die Liebe ist wirklich. Alles andere sind die Geschichten, die uns das Ego tagtäglich glauben machen will. Diese Geschichten sind unwirklich, da sie sich immer wieder verändern, je nachdem, wie es dem Ego gerade beliebt.

Heute begleite ich viele Menschen auf ihrem Weg zu einem nachhaltigen inneren Frieden, und jeder Einzelne teilt seine Geschichte mit mir. Die Menschen erzählen mir ihre Geschichten, die von fehlender Vitalität, ihren Herausforderungen mit ihren Familien, ihren Beziehungen, ihren beruflichen Karrieren und

Misserfolgen handeln ... ihren Kämpfen und den Angriffen, denen sie sich ausgesetzt fühlen. Und fast immer, irgendwann im Laufe der Unterhaltung, landen wir am selben Punkt: ihrer Beziehung oder besser ihrer »Nicht«-Beziehung zu Gott.

Denn das Fatale ist, dass jedes Mal, wenn wir uns auf die Seite unseres Egos stellen, wir uns von der Liebe, also von Gott, abgetrennt fühlen. Tief in unserem Unterbewusstsein löst diese scheinbare Trennung jedoch genau in diesem Moment das Gefühl der Schuld in uns aus. Wir fühlen uns schuldig, weil es sich anfühlt, als hätten wir eine Sünde begangen. Als hätten wir uns gegen die Liebe versündigt, genau in dem Augenblick, als wir uns auf die Seite des Egos stellten.

Wir beginnen eine subtile Form von Schuldgefühlen zu entwickeln, weil wir tief in uns erkennen, dass wir unsere natürliche Verbindung zur Liebe quasi selbst durchtrennt haben. Dieser Erkenntnis folgt die Angst, und unser Ego nutzt die Gunst der Stunde und beginnt, uns noch tiefer in dieses Muster von Sünde, Schuld und Angst hineinzuziehen. Einer der miesesten Tricks des Egos ist es dabei, uns weiszumachen, dass wir unsere Angst einfach nur zu ignorieren brauchten, und alles ist gut. Einfach schönreden und so tun, als wäre alles in Ordnung, lautet sein Motto. Langsam und allmählich verfangen wir uns so – ohne es zu merken – immer tiefer in den Geschichten, die uns das Ego erzählt. Angst und Unsicherheit werden zu unseren ständigen Begleitern, unserem vorherrschenden Lebensgefühl, bis wir an den Punkt kommen, genau diese Angst und Unsicherheit – wiederum unbewusst – zu leugnen. Dieses Leugnen lässt uns wie gelähmt in Situationen ausharren, die uns auf Dauer zerstören können. Der Alkoholsüchtige leugnet seine Alkoholsucht, und Frauen wie Männer bleiben vor lauter Schuldgefühlen in Beziehungen, die destruktiver nicht sein könnten. Vor lauter Angst vor der Angst halten Menschen Lügen, Demütigungen und Terror aus. Unser Ego ist so unwahrscheinlich hinterlistig und hat ein ganzes Arsenal von gemeinen Tricks, mit denen es uns in Schach zu halten versucht.

Der einzige Weg aus diesem Gefängnis der Angst ist anzufangen, unseren Ängsten offen, achtsam und ehrlich in die Augen zu sehen. Doch dafür braucht es Mut. Solange wir diesen Mut nicht in uns entwickelt haben, legt das Ego noch einen Gang zu, und wir beginnen unsere Ängste auf andere Menschen zu projizieren. Wir erhoffen uns unterschwellig Erleichterung, wenn wir anderen Menschen die Schuld an etwas geben. Doch mit diesem miesen Schachzug des Egos verstricken wir uns nur noch mehr in einem System aus Vorurteilen, Korruption, Kampf und Negativität.

In den vielen Gesprächen, die ich über die Jahre bis heute zu diesem Thema geführt habe, durfte ich erkennen, dass jeder Mensch in jeder Situation immer aus seiner besten Option heraus handelt. Der Option, auf die er genau in diesem einen Moment Zugriff hat. Heißt diese Option Angst, sind die Resultate in der Regel destruktiv. Aus der Angst heraus wollen wir recht haben und sehen in allem und jedem eine Art von Kampfansage.

Diese Art zu leben erschöpft jeden Menschen auf Dauer. Mir sind viele Leute begegnet, ich selbst eingeschlossen, die kurz davor waren, emotional, physisch und oder spirituell bankrottzugehen. Kein Mensch will jedoch in Wahrheit leiden oder bewusst anderen Lebewesen Leid zufügen. Doch wenn wir drohen zu ertrinken, dann handeln wir nicht mehr mit Bedacht. Wir wollen überleben, koste es, was es wolle.

Sich selbst zu lieben und zu vergeben bedeutet loszulassen, was uns nicht glücklich macht, uns von ungesunden Lebensweisen zu verabschieden, sodass wir die Chance bekommen, die beste Version unserer selbst zu sein, um ein Leben in Anmut, Leichtigkeit und Gnade zu erfahren. Es ist ein Prozess, in dem wir lernen, uns selbst und alles Leben um uns herum zu lieben und in Dankbarkeit anzunehmen.

Wenn wir wahren Frieden leben wollen, dann dürfen wir nicht nur davon reden, dass der göttliche Funke in jedem Menschen wohnt, sondern müssen beginnen, diesen Funken erst einmal in uns selbst zu entfachen, um dieses Geschenk, das jeder von uns in göttlicher Gnade erhalten hat, immer größer werden zu lassen. Lass dein inneres Licht leuchten ... für dich, und augenblicklich erfüllt es auch die Welt um dich herum.

Wahre Vergebung zu praktizieren bedeutet, dass du die Großartigkeit, die dich ausmacht, zu fühlen beginnst ... die unbegrenzte Liebe, die unaufhörlich durch dich pulsiert. Dass du anfängst, dich zu erinnern, dass du in Wahrheit reine Liebe bist. So wie jedes Lebewesen auf dieser Welt in Wahrheit reine Liebe ist. Das ist unsere Essenz. Gott erfährt sich mit seiner unendlichen Liebe durch uns.

Es geht nicht darum, wer du bist oder woher du kommst. Auch geht es nicht darum, was du oder andere Menschen getan haben oder eben auch nicht getan haben. Es geht darum, dass du dich heute für eine liebevolle Sichtweise in deinem Leben entscheidest und erkennst, welches Spiel auf dem Spielfeld deines Lebens gerade stattfindet. Es geht um deine eigene innere Wahrheit und das Bewusstsein, dass du tatsächlich einen Einfluss hast auf die Art, wie du die Welt im Außen wahrnimmst und wie du dich dabei fühlst.

Erlaube diesem Buch, dir eine Chance zu offenbaren, dein Leben und das Leben um dich herum aus einer vielleicht vollkommen neuen Perspektive zu betrachten. Einer Perspektive, aus der du in jedem Moment neue Entscheidungen treffen kannst, mit denen du eine Veränderung in dieser Welt ausmachst. Überwinde dein Ego und geh voran. Warte nicht darauf, dass es irgendein anderer für dich tut.

Um es mit Mahatma Gandhis Worten zu sagen: »Sei du selbst die Veränderung, die du dir im Außen wünschst.«

Es ist mein Gebet für unsere gemeinsame Reise, dass du durch das Lesen dieses Buches lernst: in dem Moment, in dem du dich statt für die Angst für die Liebe entscheidest. Wenn du lernst, dass du es wert bist, dir selbst und allen anderen zu vergeben, dann beschenkst du den wichtigsten Menschen in deinem Leben mit Freiheit – dich selbst.

1

Du hast einen großen Einfluss auf diese Welt

Du bist tatsächlich wesentlich für Gottes Plan.
Ohne deine Freude ist seine Freude unvollständig.
Ohne dein Lächeln kann die Welt nicht erlöst werden.
EIN KURS IN WUNDERN

Gott spricht nicht immer so zu uns, wie wir es vielleicht erhoffen oder erwarten. Es sind oft die kleinen, unspektakulären Momente, die uns, wenn unser Geist dafür offen ist, den Zustand des inneren Friedens ermöglichen.

Während ich dieses Kapitel schreibe, befinden wir uns inmitten des Weihnachtsfestes des Jahres 2016. Ein sehr turbulentes Jahr, das unter der Herrschaft von Mars stand und das mit vielen großen und kleinen Katastrophen auf sich aufmerksam gemacht hat. Beginnen wir mit einem Ereignis, mit dem bis zum Schluss niemand wirklich gerechnet hat: Donald Trump, ein amerikanischer, milliardenschwerer Unternehmer, wird der 45. designierte Präsident der Vereinigten Staaten. Ein Ausbruch des Entsetzens geht mit dieser Wahl durch die Welt; nicht zuletzt in Anbetracht der menschen- und vor allem frauenverachtenden Statements, die der Multimilliardär Trump während des Wahljahres von sich gegeben hat. Zur selben Zeit erschüttern mehrere islamistische Attentate Europa, kurz vor dem Heiligen Abend auf tragische Weise auch Berlin. Die ganze Welt hält ein weiteres Mal den Atem an und fühlt sich in ihren Grundfesten erschüttert. Alles, wofür die westliche Welt steht, scheint mehr denn je in Gefahr zu sein. Die Freiheit und alle Werte, die uns so wichtig sind, für die wir gekämpft haben und eingestanden sind; in einem Moment mit Füßen getreten und augenscheinlich infrage gestellt.

Dann, am ersten Weihnachtsfeiertag, werden in meiner Wahlheimat Augsburg 54 000 Bürger evakuiert, damit eine bei aktuellen Bauarbeiten entdeckte Fliegerbombe entschärft werden kann. Es wird die größte Evakuierung seit Ende des Zweiten Weltkriegs. Mit einem Gott sei Dank guten Ausgang und einem nachhaltigen Beispiel an Mitmenschlichkeit und selbstloser Unterstützung; doch auch mit vielen grausam erwachenden Erinnerungen derjenigen, die im April 1943 die Bombardierung Augsburgs noch miterlebt hatten.

Zwischen diesen Dramen liegen im Jahr 2016 weitere Katastrophen von verheerendem Ausmaß von A wie Atlantische Hurrikansaison über B wie Brexit bis Z wie Zyklon Winston. Die Welt scheint immer vehementer aus den Fugen zu geraten. Und genau in diesem Jahr erhalte ich einen Buchvertrag zu einem Thema, das mich, seit ich denken kann, umtreibt: Selbstliebe und Vergebung.

Wie oft habe ich in Vorbereitung auf dieses Buch einen inneren Dialog mit Gott geführt und in Anbetracht der Ereignisse in meiner mir eigenen, manchmal etwas provokanten Art gesagt: »Herr, es ist okay, ich habe genug Material für das anstehende Buchprojekt. Es braucht nicht noch mehr Geschichten in meiner Welt.«

Neben allen weltpolitischen Ereignissen gab es dazu auch in

meiner mich direkt umgebenden Welt nachhaltige Erschütterungen: Kurz nach der Unterzeichnung des Vertrags zu diesem Buch wurde meine langjährige sehr gute Freundin und Wegbegleiterin von einem durchs Internet zustande gekommenen Date auf niederträchtigste Art und Weise überfallen und zutiefst gedemütigt. Ein vermutlicher Doppelmörder entpuppte sich als Exfreund einer weiteren Freundin; und ein mir sehr wichtiger Mensch wird in dieser Zeit durch ein Beziehungsdrama fast an den Rand der menschlichen Kraft getrieben, bis das Ende der Partnerschaft als einziger Ausweg bleibt. Die Matrix für das, was ich mit diesem Buch in die Welt geben darf, scheint mehr als vorbereitet und legt sich wie ein roter Teppich vor mir aus. Nicht zuletzt auch durch die Geschichte, die mein eigenes Leben geprägt hat. Meine Absicht ist es jedoch nicht, dir einen lückenlosen Bericht über die unschönen Details meiner Vergangenheit oder die Geschichten anderer Menschen zu präsentieren. Meine Intention ist es, dass ich genau so viel von meinem früheren Leben preisgebe, damit du erkennst, dass ich weiß, was es bedeutet, sich hoffnungslos, verletzt, ungeliebt und verraten zu fühlen.

In *Ein Kurs in Wundern* werden wir daran erinnert, dass es in Wahrheit keinen privaten Gedanken gibt. Alles, was wir denken, sagen oder tun, hat einen großen Einfluss auf diese Welt. Auch wenn wir uns dessen nicht oder nicht immer bewusst sind. Auf der Ebene des göttlichen Bewusstseins sind wir in Wahrheit All-Eins. Dieses göttliche Bewusstsein, das in jedem von uns wohnt, verbindet uns. Über diese Verbindung sind wir durch unsere Gefühle und Gedanken unumstößlich in Resonanz miteinander. Im Prinzip so wie die Wellen des Ozeans, die wir einzeln sehen können, die jedoch auf einer tieferen Ebene alle miteinander verbunden sind und sich gegenseitig bedingen. Alles, was uns berührt, hat beruhend auf dieser Philosophie auch immer etwas mit uns zu tun.

Es ist daher äußerst sinnvoll, sich seiner eigenen inneren großen und kleinen Kriegsschauplätze bewusst zu werden und mit der eigenen Geschichte in Frieden zu kommen. »Wie innen so außen«, lautet eines der universellen Gesetze. Dem äußeren Frieden geht der innere Frieden voraus.

Geben wir uns der göttlichen Führung in uns hin und lassen uns durch den reinen Geist führen, beginnt Gott mit uns über die verschiedensten Kanäle zu kommunizieren. So sprach er, während des erwähnten Weihnachtsfestes im Jahr 2016, durch meine erstgeborene Tochter Laura zu mir. Die Verbindung zu meinen beiden Töchtern ist gekennzeichnet durch ein tiefes Vertrauen und eine, wie der *Kurs* es bezeichnet, heilige Beziehung. Während unseres traditionellen Christmas-Brunches, den wir seit vielen Jahren immer am zweiten Weihnachtsfeiertag zelebrieren, besprachen Laura und ich dieses Mal ihren am Silvestertag bevorstehenden Geburtstag. Gemeinsam gingen wir die Gästeliste ein wiederholtes Mal durch. Eine Freundin der Familie hatte sich über die eigens dafür angelegte Facebook-Veranstaltungsseite angemeldet, und wir überlegten, ob sie der Einladung wohl wirklich folgen würde, denn sie durchlebte gerade eine große Lebenskrise. Und aus Sorge, ihre doch eher konservative Familie zu enttäuschen, hatte sie sich ganz bewusst bei einigen beruflichen Entscheidungen gegen ihr Herz entschieden. Wir befürchteten beide, dass sie sich eher zurückziehen würde, als sich im Trubel einer Geburtstags-Silvesterfeier ein wenig ablenken zu lassen.

Für meine Tochter war dies ein Gedanke, der sie kurz innehalten ließ, bevor sie voller Dankbarkeit begann, ihr junges Leben zu reflektieren. Sie kam zu dem Ergebnis, wie unendlich dankbar sie ist, dass sie in einem Elternhaus aufwachsen durfte, das sie immer unterstützt hat. Wo Leistung nie eine große Rolle spielte, jedoch immer das, was ihr Herz bewegt hat. Ein Zuhause, das ihr immer den Raum gegeben hat, sich selbst auszuprobieren, und das ihr auch in sehr herausfordernden Momenten das Gefühl und die Gewissheit vermittelt hat, dass sie geliebt wird, genau so, wie sie ist. Ohne Wenn und Aber! Ich selbst hatte dieses Selbstverständnis nicht unmittelbar erlebt; umso glücklicher war ich jetzt, dass ich diese Basis meinen Kindern mitgeben konnte.

Mich überkam eine Welle der Freude, während ich den Worten meiner Tochter lauschte, und ein von mir seither viel zitierter Satz eroberte ad hoc meine Gedankenwelt: »Wäre jeder Mensch auf dieser Welt einzig und allein nur bestrebt, aus seiner Welt ein Paradies werden zu lassen. Würde ein jeder sich der göttlichen Liebe und Kraft öffnen und mit seiner eigenen Geschichte in Frieden kommen, sodass innerer Frieden, Liebe und Freiheit die Art würde, wie er im Leben steht. Dann würde diese Welt, in der wir leben, von ganz allein zu dem Paradies, welches sie in Wahrheit schon längst ist.«

Frieden, Liebe und Freiheit beginnen immer in uns selbst. Und dabei geht es nicht um die Bewertung großer oder kleiner Dramen. Es geht darum, sich für ein Leben in Frieden, Liebe und Freiheit zu entscheiden.

Solange jedoch ein Mensch noch die Wurzel der Unsicherheit und des Zweifels in sich trägt, wird sein Leben genau dieser Aspekte entbehren, und das wird sich in all seinen Lebensbereichen widerspiegeln und sich als Hemmschuh in Bezug auf all seine Beziehungen auswirken.

Die Welt, wie wir sie erleben, spiegelt unseren inneren Bezugsrahmen wider. Die Art, wie wir die Welt wahrnehmen, ist das Ergebnis unserer inneren Überzeugungen, Gedanken und den damit verbundenen Gefühlen.

»An ihren Früchten sollt ihr sie erkennen und sollen sie sich selbst erkennen.« Mit dieser Aussage, die wir im *Kurs* genauso wie in der Bibel finden, ist das Verhalten gemeint, das wir an den Tag legen. Unsere Früchte sind das, was wir tun oder nicht tun. Unsere Früchte zeigen sich in der Art, wie wir im Leben stehen. Eine faule Wurzel wird dabei keine gute Frucht hervorbringen. Gefühle wie Neid, Missgunst, Sorge und Angst vor Ablehnung sind ein Teil unserer emotionalen faulen Wurzeln. Wir können das Leben nicht wirklich genießen, wenn wir in ständiger Sorge sind.

Wenn aus unserem Inneren keine guten Gefühle kommen, suchen wir sie woanders – im Außen. Wir suchen sie in Beziehungen, in vermeintlichen Erfolgen, im übermäßigen Essen, im Schlankheitswahn, in Suchtmitteln wie Zigaretten und Alkohol und auf viele andere mögliche Arten und Weisen.

Viele Jahre meines Lebens habe ich versucht, mein äußeres Verhalten (die schlechte Frucht) zu unterdrücken – mit dem Ergebnis, dass das Problem an anderer Stelle hochkam. Ein und dasselbe Problem zeigte sich mir in den verschiedensten Facetten, da ich nicht erkannte, dass ich die faule Wurzel behandeln musste, um wirklich geheilt zu werden. Meine Zuversicht, dass sich die Dinge in meinem Leben änderten, war nicht auf das Vertrauen in Gott begründet, sondern darauf, anderen zu gefallen.

Mir sind in meinem Leben viele Menschen, wie ich es war, begegnet. Menschen, die den äußeren Eindruck vermittelten, als wäre alles in bester Ordnung, im Inneren jedoch mehr einem Wrack glichen.

Erst als ich durch *Ein Kurs in Wundern* meine Beziehung zu

Gott heilte, gelang es mir auch, meine Beziehung zu mir selbst zu heilen. Das hatte einen großen Einfluss auf mein Leben und auf das Leben der Menschen, die in meiner Welt sind.

In Lektion 71 des *Kurses* heißt es:»Möglicherweise merkst du nicht, dass das Ego einen Heilsplan in Opposition zu Gottes Plan aufgestellt hat. Und dieser Plan ist es, an den du glaubst. Da er das Gegenteil von Gottes Plan ist, glaubst du auch, Gottes Plan anstelle des Ego-Plans anzunehmen bedeute, verdammt zu werden.« Diese Annahme beruht auf der unbewussten Angst, die das Ego mit seinen Geschichten in dir hervorruft und die dich glauben lässt, du hättest es nicht verdient, Liebe als deine Wahrheit zu erfahren. Die Angst ist dir allzu vertraut, die Liebe dagegen etwas Neues, Unbekanntes. Und das ruft erst einmal Unsicherheit hervor – und das Bedürfnis, auf etwas Altbekanntes zurückzugreifen. So kann es passieren, dass wir, wenn wir beginnen, gegen den Ego-Strom zu schwimmen und uns für Gott und die Liebe zu positionieren, uns zunächst innerlich unsicher und zerbrechlich fühlen – und in der Folge dem Ego (und damit der Angst) doch wieder die Führung über unser Leben überlassen.

Klingt das nicht mehr als grotesk? Unglaublich und doch wahr. Erst wenn wir wirklich hinter die trickreichen Machenschaften unseres Egos geblickt haben und es enttarnen, werden wir erkennen, dass es uns, solange die faule Wurzel noch Bestand hat, tatsächlich leichter fällt, dem Plan des Egos zu folgen als Gottes Plan. Denn, so heißt es weiter im *Kurs:*»Des Ego Heilsplan dreht sich darum, Groll zu hegen.« Und Groll hegte ich lange Jahre genug in mir. Ich hegte großen Groll gegen Gott und die Welt in mir und hatte dabei noch größere Angst, abgelehnt zu werden. Ich hegte Groll gegen die Menschen, die mir dieses und jenes angetan hatten und denen ich unbewusst – und manchmal auch bewusst – die Schuld an meinem Dilemma gab. Ich hegte Groll gegen mein Unvermögen, mein Leben dauerhaft zum Positiven zu ändern, und so weiter und sofort.

Kommt dir das ein wenig bekannt vor? Hegst du auch Groll gegen irgendetwas oder irgendjemanden? Vielleicht sogar gegen dich selbst?

Dann bin ich umso glücklicher, dass dich mein Buch finden durfte. Alles, was ich hier mit dir teile, soll dich ermutigen auf deinem Weg der emotionalen Heilung. Mir gefällt der Gedanke, dass jedes Mal, wenn ein Stück in uns heilt, ein Stück in der Welt heilt, in der wir leben. Und ich liebe den Gedanken, dass ich dich dabei anhand meiner Erfahrungen unterstützen darf.

Von daher ist es wesentlich, dass ich von Anfang an schonungslos ehrlich bin mit dir: Für die meisten Menschen ist dieser Weg mit einem inneren Kampf verbunden. Wirklich innerlich frei zu werden war auch für mich kein gemütlicher Spaziergang.

Sich vom Schmerz der Vergangenheit zu befreien und wirklich loszulassen, was dich nicht glücklich macht, bedeutet, sich dem zu stellen, was dich überhaupt erst in diese Lage gebracht hat. Jedem Konflikt, ob innerlich oder durch einen anderen Menschen im Außen verursacht, und jeder Situation, in der du bewusst oder unbewusst verletzt wurdest oder verletzt hast.

Vielleicht denkst du jetzt, dass du das nicht kannst. Oder dass du für diesen Schritt noch nicht bereit bist. Doch bedenke, dass alles, wovor wir weglaufen, einen großen Einfluss auf unser Leben hat. Wirklich frei sein bedeutet, die Verantwortung für sich und sein Leben zu übernehmen. Du hast einen großen Einfluss auf diese Welt. Denn so, wie du die Welt erlebst, ist sie das Ergebnis von dem, was du über diese Welt denkst ... was du über dich denkst. Was du fühlst und glaubst. Es gibt keinen privaten Gedanken, heißt es im *Kurs*. Alles, was du denkst und fühlst, hat einen Einfluss auf die Welt, in der du lebst. Und wenn dir in deinem Leben irgendetwas nicht gefällt, dann macht es Sinn, eine Korrektur in deiner inneren Welt zu vollführen.

Ein Grundsatz der Wunder lautet: Wunder sind Beispiele richtigen Denkens und richten deine Wahrnehmung auf die Wahrheit aus, wie GOTT sie schuf.

Wir werden aus diesem Grunde nicht daran vorbeikommen, Innenschau zu halten. Auf den nächsten Seiten wirst du dich ganz praktisch, Schritt für Schritt, allen unterdrückten Gefühlen wie Zorn, Angst, Neid, mangelnder Selbstliebe und Selbstzweifel sowie der Nichtbereitschaft zu vergeben stellen.

Und ja, ich kenne den inneren Kampf, den dieser Schritt in uns auslösen kann. Die Verantwortung für das eigene emotionale Wohlbefinden zu übernehmen kann mehr als herausfordernd sein.

»Gott will, dass wir geheilt sind, und wir wollen nicht wirklich krank sein, weil es uns unglücklich macht.« Stimmst du mit diesen Worten des *Kurses* überein? Dann vertraue, dass der reine Geist oder, wie es die Bibel beschreibt: der Heilige Geist, dich führen wird. Du musst nicht wissen, wie er das tut – sondern einfach nur erlauben, dass er es tut.

Vielleicht gehst du in diesem Moment (noch) nicht mit allem konform, was ich schreibe. Doch ich weiß, dass in dem Augenblick, als ich mein Leben in Gottes Hände gelegt habe und dem Heiligen Geist erlaubt habe, in mir zu wirken, ich neu geboren wurde. Mein Leben, das mehr als einmal einem Trümmerhaufen glich, wurde durch diesen Schritt in allen Bereichen geheilt. Und das, was Gott für mich getan hat – wird er auch für dich tun. Denn Gott ist ein liebender Gott. Gott erfährt sich mit seiner Liebe durch dich. Und sein Wunsch ist es, dass du ein Leben in Liebe, Freiheit und Lebensfreude erfährst. Eine meiner wichtigsten Erkenntnisse lautet »Christus ist in mir und wo ER ist, muss Gott sein, denn Christus ist Teil von IHM.«

Gott hat uns erschaffen, damit wir uns glücklich, frei und richtig fühlen. Gott hat einen großartigen Plan in dich gepflanzt. Einen Plan, der größer und schöner ist, als du es dir in deinen kühnsten Träumen vorstellen kannst. Gott liebt dich und er hat dich niemals anders gewollt als so, wie du in Wahrheit bist. Ist es nicht so, dass wir alle diese Sätze schon mehr als einmal gehört haben? Die meisten von uns haben so einiges an Informationen durch Seminare, Bücher und Vorträge gesammelt und dabei doch so wenig Erkenntnis erfahren. Lassen wir uns jedoch vom Heiligen Geist als unserem Lehrer führen, erlangen wir Erkenntnis. Er führt uns Schritt für Schritt in die Erkenntnis, die uns unser Leben »in richtig« ermöglicht.

Auch mir hat es an Informationen und Wissen nie gemangelt. Und dennoch war ich viele Jahre in einer Art innerem Gefängnis eingesperrt. Der Wächter, der die Tür verschlossen hielt, war kein Geringerer als mein Ego.

Doch aufgrund der vielen Informationen, die ich hatte, habe ich so getan als ob. Im Kreise spiritueller Menschen war ich so heilig, dass es schon fast beängstigend war. Sobald ich jedoch wieder zurück im Alltag war, konnte schon eine zu langsam arbeitende Kassiererin mich völlig aus der Bahn werfen. Im Nachhinein habe ich mir oft gewünscht, dass Gott vielleicht gerade in diesen Momenten, wenn meine Wut und mein Zorn das Ruder übernahmen, weggehört hat. Doch Gott interessiert das Äußere nicht wirklich. Gott interessiert der innere Mensch. Er sieht uns direkt ins Herz. Wir können ihn nicht täuschen.

Da fällt mir eine Geschichte aus der Bibel ein, die ich an dieser Stelle mit dir teilen möchte: »Als er aber am Morgen wieder in die Stadt ging (gemeint ist hier Jesus), hungerte ihn. Und er sah einen Feigenbaum an dem Wege, ging hin und fand nichts daran als Blätter und sprach zu ihm: Nun wachse aus dir niemals eine Frucht! Und der Feigenbaum verdorrte sogleich.« (Matthäus 21,18) Diese Geschichte klingt so grausam. Da kommt Jesus und hat Hunger, und weil das arme Feigenbäumchen keine Frucht für ihn hat, verflucht er es. Doch wusstest du, dass an einem Feigenbaum die Blätter und die Früchte immer gemeinsam wachsen? Jesus verfluchte ihn, weil dieser Feigenbaum ein Heuchler war.

Ich selbst wäre allein niemals darauf gekommen und hätte diesen Abschnitt der Bibel vollkommen missverstanden. Ihn vielmehr als schreiende Ungerechtigkeit empfunden. Doch in einem Vortrag zu diesem Thema wurden mir die Augen geöffnet. Ich erkannte, dass auch ich lange Zeit »nur« Blätter getragen habe. Die Blätter vieler absolvierter spiritueller Seminare, das Blatt der regemäßigen Meditation ... das Blatt der in meinem Büro hängenden Jesus-Bilder. Doch meine Früchte, also mein Verhalten, waren in vielen Bereichen noch weit von dem entfernt, was man wirklich als christlich hätte bezeichnen können. Ich war metaphorisch gesehen wie der Feigenbaum. In gewissem Rahmen gab ich mich päpstlicher als der Papst, und im ganz normalen Alltag ... Wehe, mir nahm jemand die Vorfahrt oder benahm sich nicht so, wie ich es für angemessen hielt.

»Mehr Schein als Sein«, heißt es umgangssprachlich. Gott sieht uns mit seiner Gnade direkt ins Herz, und wir können ihn nicht täuschen. Er enttarnt uns, wenn das, was wir lehren, mit unserer Art, im Leben zu stehen, nicht übereinstimmt.

Heute ist es für mich nicht mehr verwunderlich, dass ich lange Zeit in vielen Bereichen meines Lebens auf der Stelle trat. Oder wie in dem bekannten Spiel Monopoly immer wieder an den Start zurückkatapultiert wurde.

Wir können weder Gott noch uns selbst dauerhaft etwas vormachen. Und das tun wir, wenn wir Unerlöstes in uns verdrängen und meinen, aus dem Boden einer faulen Wurzel wüchse eine prachtvolle Frucht. Ganz egal, ob diese Frucht bedeutet, eine gute Liebesbeziehung zu führen, erfolgreich im Beruf zu sein oder ein vitales, gesundes Leben zu führen. Von der Frucht des Weltfriedens ganz abgesehen. »An ihren Früchten sollt ihr sie erkennen und sollen sie sich selbst erkennen.«

Ich bete zu Gott, dass dich mein Buch dabei unterstützt, dass du durch Gottes Hilfe in deinem Inneren so gestärkt wirst, dass dir nichts im Außen etwas anhaben kann. Gemeinsam werden wir die faulen Wurzeln entfernen und gegen gute, dich nährende Wurzeln ersetzen. Gute Wurzeln bringen gute Früchte. Und gute Früchte sind für dein Leben segensreich und für die Welt, in der du lebst. Du hast einen großen Einfluss auf diese Welt durch die Art, wie du im Leben stehst. Deine Gedanken und Gefühle beeinflussen dein Erleben in jedem Moment und durch das Gesetz der Resonanz auch die Welt, die dich umgibt.

Gott liebt uns auf der Basis, dass er uns erschaffen hat, damit wir unsere – von ihm in unser Herz gepflanzte – Bestimmung erfüllen. Wir haben die Kraft durch Gott, dass wir die Fehlwahrnehmung des Egos durchschauen und die richtigen Entscheidungen treffen.

Auf den Punkt gebracht

Mein eigener Weg hin zum inneren Frieden hat mich gelehrt, dass der erste Schritt darin besteht, vollkommen ehrlich mit sich selbst zu sein. Der zweite, sich seiner selbst und darüber hinaus seiner »faulen Wurzeln« bewusst zu werden. Je deutlicher wir unsere eigenen inneren Kriegsschauplätze erkennen, desto leichter fällt es uns, sie mithilfe der Liebe zum Frieden und zur Freiheit zu führen. Entscheidend dabei ist, was wir während dieses Prozesses wirklich glauben und vor allem fühlen. Gefühle wie Neid, Missgunst, Sorge und Angst vor Ablehnung sind ein Teil unserer emotionalen faulen Wurzeln. Auf ihrer Grundlage können wir kein erfülltes Leben führen. Diese Ego-Emotionen werden uns immer wieder dazu verleiten, dass unser Verhalten sich fern von Liebe präsentiert. Unsere Wahrnehmungen und inneren Überzeugungen sind die Parameter, an denen das gesamte Universum sich orientiert. Alles, was wir tun, denken und fühlen, wirkt sich auf das uns umgebende Energiefeld aus. Genau diese Informationen geben der ursprünglich formlosen Energie eine Struktur. Eine wichtige Lektion des *Kurses* lautet daher, dass es in Wahrheit keine privaten Gedanken gibt. Auf der geistigen Ebene sind wir alle durch unsere Gedanken und Gefühle miteinander verbunden. Mit jedem Gefühl, dem wir unsere uneingeschränkte Aufmerksamkeit schenken, und gleichermaßen mit jedem Gedanken, dem wir erlauben, unseren Verstand zu dominieren, sind wir Schöpfer unserer Realität. Egal, ob wir uns destruktiven oder konstruktiven Emotionen hingeben, sie haben immer eine Wirkung auf die Welt, in der wir leben.

Nehmen wir als Beispiel einen Menschen, der sich immer wieder maßlos darüber ärgert, dass er in bestimmten Bereichen seines Lebens nicht konsequent ist. In diesem Fall wäre diese Inkonsequenz die »faule Wurzel«. Die Person hat sich vielleicht schon lange vorgenommen, regelmäßig Sport zu machen, und jedes Mal nach kurzer Zeit jede Menge Ausreden parat, es doch nicht zu tun. Oder sie hat schon lange ein klärendes Gespräch mit ihrem Vorgesetzten anvisiert, verschiebt es jedoch immer und immer wieder aus mangelndem Selbstbewusstsein oder

Angst vor Ablehnung. Vielleicht geht es diesem Menschen auch darum, mit dem Rauchen aufzuhören oder nicht mehr so viel Fast Food zu essen; doch es gelingt ihm einfach nicht, diese Vorsätze nachhaltig umzusetzen. Möglicherweise ärgert sich unsere Beispielperson auch ständig darüber, dass sie nicht in der Lage ist, klare Grenzen zu setzen und einfach mal Nein zu sagen. Wohlwissend, dass ein konsequentes Nein zu jemand anderem ein klares Ja zu sich selbst wäre. Einfach aus Angst davor, abgelehnt zu werden oder jemanden beziehungsweise etwas zu verlieren. Die Möglichkeiten, warum wir in einem Bereich unseres Lebens inkonsequent und dadurch unzufrieden sein können, sind unerschöpflich. Gemeinsam ist ihnen allen, dass dieser Zustand mit großer Wahrscheinlichkeit in dem Betroffenen keine guten Gefühle und Gedanken hervorruft. Und diese unguten Gefühle und Gedanken werden vermutlich dazu führen, dass der innere Dialog dieses Menschen wenig aufbauend und liebevoll ist. Wer mit sich nicht im Reinen ist, neigt dazu, unachtsam und verletzend mit sich und über sich zu reden. Das, was hier entsteht, ist eine Variante von dem, was ich mit inneren Kriegsschauplätzen meine.

Nach dem Gesetz der Resonanz könnte jetzt Folgendes passieren: Angefüllt mit der aus der Situation der Inkonsequenz resultierenden Unzufriedenheit, macht sich dieser Mensch nach einem langen mühseligen Arbeitstag auf den Weg zum Einkauf seiner Lebensmittel. Eigentlich würde er jetzt gerne etwas anderes tun, doch irgendjemand muss den Einkauf ja erledigen. Die Straßen sind mehr als voll, und jede Ampel scheint nur auf die Ankunft unseres Protagonisten gewartet zu haben, um auf Rot zu schalten. Zu allem Überfluss ist in dem von ihm gewählten Supermarkt nur eine einzige statt der vorgesehenen fünf Kassen geöffnet.

Als wäre das nicht herausfordernd genug, steht vor dieser

Kasse auch noch eine gigantisch lange Schlange von Menschen, die genau wie unser Protagonist ihre eingekauften Waren bezahlen möchten. Und als er dann endlich mit dem Zahlen an der Reihe ist, passiert es: Die Kassenrolle ist leer und muss von der Kassiererin erst gewechselt werden. Sie hat keine Ersatzrolle an ihrem Platz, und so dauert es einen Moment, bis die Filialleiterin ihr eine neue bringt. Das alles geschieht – durch den Wahrnehmungsfilter unseres Protagonisten – offenbar in aller Seelenruhe ... Und vielleicht sagt sich dieser jetzt: »Das war klar, so etwas passiert auch nur mir. Wenn es einmal schiefläuft, dann läuft es immer schief ... Ständig habe ich die A-Karte. Der kann man ja beim Arbeiten die Fingernägel lackieren ... Wenn ich so langsam arbeiten würde, dann ...«

Und zur inneren Unzufriedenheit gesellen sich jetzt noch Groll, Ärger und Ungeduld.

Und ohne es bewusst zu wollen, reagiert die Person in unserem Beispiel am Ende vollkommen genervt und ungehalten auf die einfache Frage der Kassiererin: »Zahlen Sie bar oder mit Karte?« Der Tropfen, der das Fass zum Überlaufen bringt, könnte die Tonalität der Stimme sein, die ihn an die Art und Weise des Redens einer ungeliebten Person erinnert.

Durch den Wahrnehmungsfilter der aufkochenden Emotionen ist das dann eben keine einfache Frage mehr. Denn der Fokus liegt in diesem Fall nicht auf dem Inhalt der Frage, sondern auf der Art und Weise des Sprechens.

Wir könnten dieses Beispiel jetzt noch endlos ausdehnen und ausschmücken. Doch glaube ich, dass du weißt, worauf ich hinausmöchte. Es handelt sich um eine von vielen möglichen Varianten des »Dominoeffekts«.

Schauen wir uns nun kurz die Gegenseite an: Unser Protagonist ist eventuell nicht der erste Kunde, der der Kassiererin heute genervt und schnippisch begegnet, obwohl sie einfach nur ihr Bestes gibt. Und ohne dass es bewusst von beiden Seiten gewollt ist, wird bei ihr eine ähnliche Kaskade von Gefühlen und Gedanken in Gang gesetzt, die letzten Endes vielleicht in einen Streit mit ihrem Ehepartner oder ihren Kindern mündet. Wir wissen es nicht, und das alles ist natürlich rein hypothetisch. Mein Freund Antony Fedrigotti würde jetzt sagen:»Liebe Leute, das betrifft natürlich alles nicht euch, die ihr jetzt dieses Buch lest. Sondern nur die anderen, die es nicht tun.«

An dieser Stelle käme jetzt ein Augenzwinkern; denn seien wir ehrlich: In irgendeiner Form ist das jedem von uns schon passiert. Stimmt's?

Es ist ähnlich wie der Effekt, den wir beim Werfen eines Steines ins Wasser beobachten können. Der Stein verursacht Wellen, die ab einem gewissen Punkt nicht mehr kontrollierbar sind. Und genauso können wir im Nachhinein nicht mehr eruieren, welche Wellen wir im Universum verursachen, wenn wir mit negativen Emotionen durch die Welt laufen. Am Ende des Tages kommt dabei immer ein Verhalten heraus, das wir unter anderen Umständen, wenn wir ausgeglichen und ganz in unserer Mitte sind, bei jemand anderem sehr wahrscheinlich verurteilen würden.

Fallen dir jetzt spontan diverse Verhaltensmuster ein, die du an dir selbst nur schwer akzeptieren kannst? Vielleicht geht oder ging es dir ähnlich wie der Person in meinem Beispiel, und du erwischst dich in unausgeglichenen Momenten dabei, dass dich die kleinsten Dinge aus der Ruhe bringen können; und du in der Folge ungehalten oder unfair anderen gegenüber wirst. Vielleicht gehörst du auch zu den rund fünfzig Prozent der Menschen, die unzufrieden mit ihrem Körper, ihren Lebensumständen oder ihren Beziehungen sind. Jede Art von Unzufriedenheit erlaubt keine guten Gefühle. Wir können auf dieser Basis noch so viel beten und uns in spirituellen Praktiken üben. Der kleinste unachtsame Moment und die Unzufriedenheit ergreifen ihre Chance. Das Ego wartet nur darauf, das Regiment zu übernehmen. Und unsere inneren Kriegsschauplätze sind für ihn ein regelrechtes Heimspiel.

Verstehe mich bitte richtig: Es geht hier nicht darum, dass wir uns für solche Momente verurteilen, sondern darum, ein neues Bewusstsein dafür zu erlangen. Je bewusster wir uns darüber werden, welcher innere Film in uns abläuft, desto leichter können wir ihn mithilfe der Liebe ändern. Wie innen, so außen. Unsere innere Wahrnehmung bestimmt den Film unseres Lebens, den wir im Umkehrschluss selbst in die Welt projizieren. Mit dem Inhalt dieses Films und den Gefühlen, die er in uns auslöst, gehen wir in Resonanz. Wie ein Magnet ziehen wir immer mehr von dem in unser Leben, worauf wir unsere Aufmerksamkeit lenken.

Wenn uns also das, was wir im Außen vorfinden, nicht gefällt, tun wir gut daran, bei uns selbst anzufangen. Ja, du hörst richtig: Alles fängt bei dir selbst an. Genau betrachtet, ist das doch eine wirklich gute Nachricht.

Allerdings – und das ist vielleicht neu beziehungsweise ungewohnt für dich – ohne dich zu verurteilen, zu beschimpfen oder Ähnliches. So, wie sich dir dein Leben bisher gezeigt hat, war es das Resultat deiner momentanen Überzeugungen und der entsprechenden Gefühle und Gedanken, denen ein entsprechendes Verhalten gefolgt ist. Nicht mehr und nicht weniger. Ich bin davon überzeugt, dass jeder Mensch in jedem Moment aus seiner besten Option heraus handelt. Dass die Ergebnisse uns dann nicht immer gefallen, steht außer Frage.

Der Weg, den wir jetzt gemeinsam gehen, wird dir neue Optionen eröffnen, die dir dementsprechend neue Resultate ermöglichen. Vorausgesetzt, du wendest das, was du auf den nächsten Seiten erfährst, auch wirklich an. Einiges ist dir vielleicht bereits vertraut, anderes ungewohnt und neu.

Alles beginnt mit der Entscheidung, statt der Angst ab jetzt der Liebe die Regie in deinem Leben zu überlassen. Denk dabei an meine einleitenden Worte: Liebe ist eine Entscheidung. Um wirklichen Frieden zu generieren, ohne dem Druck ausgesetzt zu sein, übermenschliche Dinge tun oder leisten zu müssen, bedarf es dieser tiefen inneren Entscheidung. Die wichtigsten Dinge im Leben sind in Wahrheit immer ganz einfach. Die Herausforderung besteht lediglich darin, dass es einfach ist, sie zu tun – und daher genauso einfach, sie nicht zu tun.

In Psalm 37,37 steht: »Achte auf den Rechtschaffenen und sieh auf den Redlichen, denn die Zukunft für einen solchen ist Frieden.«

Wie innen, so außen. Gott hat für jeden von uns einen großartigen Weg vorgesehen, der es uns ermöglicht, ein erfülltes und glückliches Leben zu führen. Jeder von uns ist dafür mit einzigartigen Gaben und Talenten ausgestattet. Für die Entfaltung deiner Gaben und Talente, also der Früchte, die du in die Welt trägst, braucht es gute kräftige Wurzeln. Lass auf der Basis deiner kräftigen Wurzeln dein Licht leuchten – für dich und für die Welt, in der du lebst. Du bist wichtig für Gottes Plan und du bist wichtig für diese Welt. Worauf also noch länger warten? Lass dich von der Liebe Gottes emporheben.

»Man zündet auch nicht ein Licht an und stellt es unter einen Scheffel, sondern auf einen Leuchter; so leuchtet es denn allen, die im Hause sind.« (Matthäus 5,15)

Ich möchte dich ermutigen, dir deiner »faulen Wurzeln« – also deiner Ego-Emotionen – mithilfe der Liebe bewusst zu werden und sie mithilfe genau derselben Macht zu wandeln: und zwar mit Gottes Hilfe.

»Liebe wird sofort in den Geist jedes Menschen eintreten, der sich das wirklich wünscht«, heißt es in *Ein Kurs in Wundern*. Um die lebensverändernde Macht der Liebe erleben und fühlen zu können, bedarf es nicht nur des Glaubens daran. Es bedarf vielmehr der von mir schon erwähnten Entscheidung, dass du bereit bist, daran zu glauben.

Bist du bereit? Dann lass uns in das Abenteuer eines erfüllten und freien Lebens starten.

»Vergebung macht stark« ist ein Weg zu einem neuen Bewusstsein, es ist wie ein Muskeltraining. Der Muskel, den wir in diesem Fall trainieren, heißt Liebe. In Wahrheit ist die Entscheidung, diesen Muskel zu trainieren, keine einmalige Sache, sondern etwas, was du täglich wiederholen wirst. Du kannst die gute Absicht haben, es ein Leben lang zu tun. Doch sich für die Liebe statt für die Angst zu entscheiden erfordert, dass du dich immer wieder selbst daran erinnerst. In jedem einzelnen Moment. Die Liebe wird es dir ermöglichen, die Position des objektiven Beobachters einzunehmen. Lass uns also mit Gottes Heilsplan beginnen.

Suche dir einen Ort, an dem du nicht gestört wirst, und lege Stift und eventuell dein Tagebuch oder Papier bereit. Überdenke die folgenden Fragen kurz und lass dann die Antworten einfach aus dir herausfließen:

MIR BEWUSST SEIN

In welchen Momenten lebst du ein Verhalten, das du nur schwer akzeptieren kannst? Welche Gefühle gehen diesen Situationen voran?

. . . .

. . . .

. . . .

Du weißt, dass wir das, was wir an anderen nicht mögen, meist an uns selbst nicht mögen. Welches Verhalten anderer Menschen lässt dich in Resonanz gehen? Wie fühlst du dich in solchen Momenten?

. . . .

. . . .

. . . .

Welche Gedanken und Bilder lösen diese Momente in dir aus?

. . . .

. . . .

. . . .

Wie fühlt sich das diesen Momenten zugrunde liegende Gefühl in dir an?

. . . .

. . . .

Was denkst du über dich selbst in den oben von dir beschriebenen Momenten? Was glaubst du dann, wer du bist?

. . . .

. . . .

. . . .

Wie wirkt sich das daraus resultierende Gefühl auf dein Verhalten dir und anderen gegenüber aus?

. . . .

. . . .

. . . .

Was genau denkst du in diesen Momenten über die Welt?

. . . .

. . . .

Vielleicht ist es für dich ungewohnt, deine Gedanken und Gefühle aufzuschreiben. Wenn dem so ist, sei bitte geduldig mit dir. Den meisten Menschen, mich eingeschlossen, kommt dieses Vorgehen erst einmal skurril vor. Nimm einfach den Stift in die Hand und leg los. Es geht hier um dich und deine innere Freiheit. Sinn und Zweck dieser Übung ist es, dir der in dir ablaufenden Muster immer mehr bewusst zu werden. Nutze das folgende Gebet und die Affirmationen zu deiner Unterstützung:

Gott, ich bitte dich, zeige mir all die Situationen, in denen ich bewusst oder unbewusst Disharmonie für mich selbst oder andere erzeugt habe. Hilf mir, all die Konfliktmuster zu erkennen, durch die ich immer und immer wieder ähnliche Situationen in mein Leben ziehe. Bitte zeig mir auf, wo ich den Segen in meinem Leben verhindere oder sogar boykottiere. Ich bin bereit, mit deiner Hilfe mir meiner ›faulen Wurzeln‹ bewusst zu werden, damit du sie durch deine Gnade in lebendige und nährende Wurzeln wandelst. Mit deiner Hilfe wird mein Verhalten durch die Liebe gelenkt und meinem und dem Leben anderer zum höchsten Segen gereichen. Amen.

Ich bin bereit, mit der Hilfe Gottes der Liebe und meinen Ängsten zu begegnen.

Ich bin stolz auf mich, dass ich diesen Weg ab jetzt konsequent gehe.

»Vergebung macht stark« setzt voraus, dass wir bereit sind, unseren Ängsten in die Augen zu schauen. Dazu ist es wichtig, sie zu erkennen. Wir können nur loslassen, was wir zuvor angenommen haben. Stell dir einen Kugelschreiber auf deinem Schreibtisch vor. Nur indem du ihn in die Hand nimmst, kannst du ihn weglegen oder seine Position verändern. Es sei denn, du verfügst über übernatürliche mentale Kräfte und kannst den Kugelschreiber kraft deiner Gedanken bewegen. Doch seien wir ehrlich, bei den meisten von uns ist das eher nicht der Fall ...

In dem Moment, in dem du deine Ängste zu Papier bringst, ist das eine Form des Annehmens. Du gibst ihnen Raum und nimmst ihnen gleichzeitig Stück für Stück die Macht über dich. Wenn die Übung, die du gerade durchlaufen hast, genau eine von den Übungen ist, die du immer schon umgangen hast, weil sie dich langweilen oder du es einfach nervig findest, deine Gefühle aufzuschreiben: Dann ist jetzt dein Moment! Erlaube dir, es dieses Mal anders zu machen. Nutze genau diesen Moment, um dich mit diesem dir vertrauten Verhalten auseinanderzusetzen. Bedenke, dass das, was uns oft am unwesentlichsten oder banalsten erscheint, nicht selten die größte Hebelkraft und Auswirkung auf unser Leben hat. In die eine genauso wie in die andere Richtung.

Wichtig ist: Du allein bestimmst hier das Tempo, in dem du dich den einzelnen Schritten widmest. Sei achtsam mit dir und nimm dir die Zeit, die du brauchst. Erlaube der Liebe, dass sie dein Herz und deinen Geist gleichermaßen für diesen Weg öffnet. Es bedarf deiner ehrlichen Bereitschaft, dich auf eine tiefe Begegnung mit dir selbst und den in dir vergrabenen Emotionen und Erinnerungen einzulassen. Du wirst erleben, dass selbst die kleinste Veränderung eine neue Sicht auf die Dinge in deinem Leben mit sich bringt. Und die Verschiebung der Sicht von der Angst zur Liebe wird in deinem Leben nachhaltig Großes bewirken.

Denn genau in dem Moment, in dem du dich für die Liebe statt für die Angst entscheidest, wendest du dich einer neuen Denkweise zu, die im *Kurs* als »richtige Denkweise« bezeichnet wird. Einer Denkweise, die von tiefem Frieden und einem Gefühl des Eins-Seins erfüllt ist. Da das Ego jedoch ohne Angst nicht überleben kann, wird es mit dem Ziel, dich zu verunsichern, tief in die Trickkiste greifen. Es wird alles tun, um dich in seinen Fängen zu halten. Zum Beispiel kann es sein, dass es dir in einer Art Wiederholungsschleife erzählt, wie unnütz es ist, diese Übungen zu durchlaufen. Dass es reine Zeitverschwendung ist.

Doch ab jetzt ist Schluss mit Umwegen und Abkürzungen. Du hast dich entschieden, einen neuen Weg zu gehen. Dazu gratuliere ich dir von ganzem Herzen. Denke immer daran: Innerer Frieden, Freiheit und Liebe beginnen in dir. Lass diese Worte zu deinem ganz persönlichen Mantra werden.

2

Der Mut, sich selbst zu vergeben

Die Liebe Christi erkennen,
die alle Erkenntnis übertrifft, damit ihr erfüllt werdet
mit der ganzen Gottesfülle.
EPHESER, 3, 19

Solange ich denken kann, war ich erfüllt von einer großen Sehnsucht nach Anerkennung und Geborgenheit. Obwohl in eine Familie geboren, in der Glaube keine große Rolle spielte, fühlte ich mich von Anfang an zu den Orten hingezogen, an denen ich Gott vermutete. Eine im Hause meiner Großmutter lebende Tante, bei der ich einen großen Teil meiner Kindheit verbrachte, nahm mich, immer wenn es ihr möglich war, mit in den katholischen Gottesdienst. Getauft bin ich jedoch im protestantischen Glauben. Meine Mutter als Protestantin und mein Vater, der katholischen Kirche zugehörig, entschieden sich, da eine ökumenische Taufe nicht möglich war, mich in der evangelischen Gemeinde unseres Ortes taufen zu lassen.

Heute weiß ich, dass die Zuwendung Gottes nicht davon abhängt, ob wir getauft sind oder nicht. Und ich kenne ungetaufte gute Christen ebenso wie getaufte Christen, die sich wie die Axt im Walde verhalten. Wie oft habe ich im Stillen gedacht: »Hauptsache, das Vaterunser rauf und runter beten können.«

Sicherlich kennst du solche Menschen auch: Die übereifrigen Kirchgänger, die außerhalb der Gottesdienstzeiten jeglicher Christlichkeit entbehren. Die ihre Hand gegen die eigenen Kinder und Partner erheben und/oder verbal die Peitsche schwingen und bei keinem Tratsch im Dorf fehlen. Die als Erste schreien, wenn ein Flüchtling ihr Wohngebiet betritt.

Mit der Taufe bekennen die Eltern des Täuflings, dass Gott in ihrem Leben eine Rolle spielt und dass sie ihren Sprössling aktiv an ihrem Glauben teilhaben lassen wollen. Damit ein Mensch die Taufe empfangen kann, sollte sich der die Taufe durchführende Pfarrer vergewissern, dass ein ehrliches Interesse der Eltern an einer christlichen Erziehung ihres Kindes besteht. Für einen gläubigen Christen ist die Taufe mehr als nur ein nettes Fest zum Start ins Leben, bei dem es in erster Linie darauf ankommt, die Verwandten mit einem guten Essen und einer großen Auswahl an Kuchen zu verwöhnen. Es ist für einen praktizierenden Christen vielmehr das Fest, mit dem die bedingungslose Liebe Gottes zu dem neugeborenen Kind besiegelt wird. Die Taufe macht von daher nur Sinn, wenn das getaufte Kind dann auch die Chance erhält, an dieser Wahrheit teilzuhaben.

Erinnerst du dich an die Geschichte mit dem Feigenbaum aus dem ersten Kapitel? Das erste Blatt ohne Frucht bekam ich tatsächlich schon kurz nach meiner Geburt: ein Blatt im Stammbuch der Familie, das besagte, dass ich getauft war. Meine Tauffeier glich mehr einem traditionellen Familienfest, einfach weil »man« das eben so machte, und nicht, um mich in erster Linie an der Wahrheit teilhaben zu lassen, dass Gott mich mit seiner bedingungslosen Liebe durch die Kraft des Heiligen Geistes erfüllt und führt.

So wurde ich bald, durch die gemeinsamen Kirchgänge mit meiner Tante und ihren Kindern, zu einer Art orientierungslosem Kuckuksei. Denn ich nahm einen Platz in der katholischen Gemeinde ein, der mir eigentlich gar nicht zustand. Von Anfang an genoss ich jede Stunde in der Gemeinde, auch wenn sich in mir das Gefühl immer mehr ausbreitete, dass ich nicht dazugehörte. Der Pfarrer, der die Gemeinde passioniert und ambitioniert führte, war reizend und um das Wohl all seiner Schäfchen sehr besorgt. Er war mir gegenüber stets wohlwollend und äußerst nachsichtig. So nahm ich bald auch an über den Gottesdienst hinaus angebotenen Aktivitäten teil. In den Sommerferien genoss ich das Zusammensein mit anderen Kindern während einer sogenannten Stadtranderholung; Tagesauflüge, die uns Kindern aus den zentralen Gebieten des »Reviers« einen Ferientag in der grünen Natur der Naherholungsgebiete ermöglichten. Und später bis zu dreiwöchige Reisen in die verschiedensten Urlaubsgebiete Deutschlands.

Alles war scheinbar in Ordnung, niemand sagte etwas, und doch fühlte ich mich, in Anbetracht der Tatsache, dass ich evangelisch war, in dieser Gemeinde einfach nicht richtig und nur geduldet. Schlimmer noch, ich fühlte mich als Zaungast bei Gott und nicht als sein geliebtes Kind. Dieses Gefühl erreichte seinen Höhepunkt, als die Kommunion der katholischen Kinder meines Geburtsjahres anstand. Alle Mädchen, mit denen ich befreundet war, bekamen ein weißes Kleid – nur ich nicht. Denn ich gehörte nicht dazu. Ich weiß noch, dass ich betete: »Lieber Gott, lass ein Wunder geschehen, damit ich zu dir an den Altar darf – in so einem hübschen weißen Kleid. Ich tue auch alles, was du dafür von mir verlangst.« Doch dieses Wunder blieb natürlich aus. Für mich ein eindeutiges Zeichen, dass Gott keinen Platz für mich hatte. Wenig bis gar nicht ernst genommen in meiner Not, spürte ich das erste Mal so etwas wie

Neid und Missgunst in mir. Das Ego feierte sein erstes großes Fest auf meine Kosten und schürte diese vernichtenden Gefühle ab jetzt, so gut es nur konnte, bei jeder sich ihm bietenden Gelegenheit. Mein ganz persönlicher Mauerbau begann. Stein um Stein entstand ein innerer Wall, der mich in den nächsten Jahren fern der Liebe halten sollte.

Dass meine Eltern mich liebten und von Herzen willkommen hießen, daran gab es von Anfang an keinen Zweifel. Sie gaben immer ihr Bestes und handelten aus den Optionen, die ihnen zu dieser Zeit zur Verfügung standen. Das Leben präsentierte sich ihnen unterdessen sehr herausfordernd. Viele Probleme überschatteten ihr junges Leben, sodass ihre Aufmerksamkeit oftmals auf andere Dinge gerichtet war als auf mich und meine Sorgen und Ängste. Dennoch wuchs ich zu einem gehorsamen und folgsamen jungen Mädchen heran. Immer fröhlich, grüßte ich stets die Nachbarn, auch jene, die eher mürrisch dreinblickten, und widersprach nicht, wenn ich einen Knicks zum Dankeschön für ein Geschenk vollführen sollte. Nur wenn ich gebeten wurde, einem der vielen Onkel einen Kuss auf die Wange oder eine Umarmung zu schenken, bescherte mir das mehr als Unbehagen. Ein Gefühl, das sich in meinem Leben noch prägend auswirken sollte. Denn ich war so gut erzogen, dass es ein Nein in meinem Wortschatz gar nicht gab. Wurde mir etwas aufgetragen, dann tat ich es.

Das Schicksal hingegen stellte schon recht früh unser gesamtes Familienleben auf eine harte Probe. Die erste große Herausforderung hatte schon darin bestanden, dass meine Mutter mich mit knapp siebzehn Jahren unverheiratet empfangen hatte und aus diesem Grund kurzerhand ihres Elternhauses verwiesen worden war. Und auch wenn die Liebe zwischen ihr und meinem Vater diese Prüfung mit Bravour überstand, zerbrach am Ende durch seinen frühen Tod das Herz meiner Mutter dauerhaft.

Kurz nach meiner Geburt wendete sich das Blatt zunächst zum Guten, da ich als erstes leibliches Enkelkind von meinen Großeltern mütterlicherseits zur Kronprinzessin auserkoren wurde. Herrlich, ich genoss absolute Narrenfreiheit gepaart mit dem Gefühl, etwas ganz Besonderes zu sein. Kein materieller Wunsch blieb mir unerfüllt. Sodass die mit den Jahren wachsende Sehnsucht nach dem Gefühl, dazuzugehören, in mir immer schnell zum Schweigen gebracht wurde.

In Jeremia 2,13 fand ich dazu folgenden Vers: »Ich schöpfte aus einem Brunnen, der die Wasser nicht hielt.«

In mir herrschte ein für ein Kind nicht greifbarer Mangel, den ich in der Folge im Außen zu füllen versuchte. Ein Umstand, dessen ich mir zu dieser Zeit noch nicht bewusst war. Es gab materiell keine Not, doch die emotionale Leere, in der ich mich befand, sorgte dafür, dass ich mich tief in meinem Inneren schlecht, sündig und ungeliebt fühlte. An dieser Stelle ist es mir wichtig zu betonen, dass meine Eltern alles in ihrer Macht Stehende taten, damit es mir gut ging. Doch da beide aus Elternhäusern kamen, wo man eher kühl im Umgang miteinander war, wussten sie es nicht besser. Wir können nur das geben, was wir selbst erfahren haben.

In den ersten Jahren meines Lebens schien sich unter diesen Voraussetzungen alles relativ emotionslos zum Positiven zu wenden: Mein Vater als sehr ehrgeiziger Mann absolvierte die Technikerschule und bekam eine adäquat bezahlte Arbeitsstelle, meine Mutter hingegen unterstützte das Familieneinkommen mit diversen Aushilfsjobs in den stadtnahen Fabriken. Ihrem Traumberuf als Friseurin ging sie in ihrer wenigen Freizeit nach. Viele Jahre glich unsere Küche einem Frisiersalon, in dem ausschließlich Freunde und Verwandte gegen Kaffee und Kuchen einen neuen Look erhielten.

Dann ereilte uns die dunkelste Stunde unseres Lebens. Mein

Vater, der seit frühester Jugend kränkelte, erkrankte so schwer, dass er mit dreiunddreißig Jahren, noch vor meinem elften Geburtstag, starb. Diese schmerzhafte Prüfung kam, obwohl durch seine jahrelange Krankheit angekündigt, für mich über Nacht. Sein Tod brach meiner Mutter das Herz. Befanden wir uns die ersten Jahre meines Lebens in einem gefühlten emotionalen Trockengebiet, betraten wir mit dem Tod meines Vaters die emotionale Wüste. Niemals war mein Zweifel an Gott größer als in jenen Stunden. Das Ego wurde alleiniger Kapitän auf dem Schiff meines Lebens und gab von nun an den Kurs vor. Das Ego ist im Sinne des *Kurses* alles, was fern der Liebe ist. Und ich war gefühlte Lichtjahre von der Liebe entfernt.

Die ersten Monate nach dem Tod meines Vaters wurden die Hölle für uns alle. Mein Vater war von dieser Welt gegangen in dem Vertrauen, dass seine Liebsten durch diverse Versicherungsauszahlungen gut versorgt sein würden. Doch die Wahrheit sah so aus, dass das Kleingedruckte der Verträge meine Mutter mehr oder weniger mittellos zurückließ. Ohne die finanziellen Zuwendungen meiner Großeltern wären wir ins soziale Aus katapultiert worden. Doch das, was meine Mutter auszeichnet, ist ihr ausgeprägter Überlebenswille. Ich ziehe heute den Hut davor, was sie in den darauffolgenden Jahren geleistet hat. Was sie entbehrte – ohne dass sie es als Entbehrung ansah. Und ich habe mich mehr als einmal für das geschämt, was in dieser Zeit von mir kam. Denn war ich, solange mein Vater lebte, folgsam und brav gewesen, so wurde ich jetzt immer mehr zu einer wahren Rebellin. Als junges Mädchen, innerlich komplett zerbrochen, begann ich einen unerbittlichen Kampf gegen alles und jeden. Und da ich nicht wusste, wohin mit dem vernichtenden Gefühl der Hilflosigkeit, ließ ich meine Mutter gnadenlos spüren, dass ich ihr die Schuld an allem gab. Sie arbeitete jetzt

47

noch mehr, und aus ihrer Ohnmacht mir gegenüber gab sie, um mich einigermaßen im Zaum zu halten, jedem noch so unverschämten Wunsch meinerseits nach.

Der *Kurs* sagt: »Unser Gefühl der Unzulänglichkeit, der Schwäche und der Unvollständigkeit kommt von der starken Investition in das Mangelprinzip, das die ganze Welt der Illusion beherrscht. Wir lieben einen anderen, um selber etwas zu bekommen.«

Unbewusst wurde das zu meinem mich innerlich antreibenden Muster: Ich liebte und erwartete etwas dafür, nämlich Anerkennung und Gegenleistung.

Es dauerte nicht lange, und schon kurz nach dem Tod meines Vaters erkrankte ich und entwickelte dieselben Symptome, die auch meinen Vater das Leben gekostet hatten. Meine Genesung ging schleppend voran. Und ab diesem Zeitpunkt war ich noch anfälliger für jede Erkrankung, als ich es durch meine labile Gesundheit ohnehin schon gewesen war. Die Sorge meiner Mutter um mich wuchs, und ich wusste diesen Umstand als Trumpfblatt für mich auszuspielen.

Da ich in Wahrheit nichts über Gott und schon gar nichts über die Prinzipien von Wundern wusste, kannte ich auch nicht die uns stärkende Kraft des Gebets. Selbstmitleid und das Gefühl der Wertlosigkeit wurden so eine grundlegende Haltung, die sich in meinem Verhalten widerspiegelte.

Das Einzige, was mir in dieser Zeit wirklich Freude bereitete, war mein Sport. Schon im Alter von sechs Jahren hatte ich begonnen, intensiv Rollkunstlauf zu trainieren. Die Initialzündung waren, wie sollte es auch anders sein, die hübschen Kleidchen, mit denen die Mädchen beim Training ausgestattet waren. Jede Trainingsstunde war mir heilig, und mein großer Traum war es, irgendwann einmal ganz oben auf dem Treppchen zu stehen.

Einmal jemand sein und von allen gefeiert werden – ein Gedanke, der mich antrieb und über meine körperlichen Grenzen gehen ließ. Da mein Körper anfällig war und ich von einer Krankheit in die nächste glitt, rebellierten schon bald Knochen und Gelenke nach jeder Trainingseinheit. Die vielen Stürze und die viel zu schweren Rollschuhe bescherten mir mehr als nur blaue Flecken. Doch ich war ehrgeizig. Und ich war süchtig nach Anerkennung. Welch teuflische Mischung. Da mir jedoch das bekannte »Vitamin B« fehlte, das in jedem Verein einen Erfolgsgarant darstellt, wurde meine Sucht nicht gestillt. Es gab immer jemanden, der besser, schneller und graziler war. Vom Neid zerfressen tat ich dennoch alles für mein Ziel, und mit einem übermenschlichen Kraftaufwand gelang es mir dann, das für mein gesamtes Umfeld in dessen Augen Unmögliche zu schaffen: Ich stand während eines großen Wettbewerbs auf dem Treppchen ganz oben. In einem atemberaubend schönen Kleid, das eigens für mich genäht wurde, lief ich die Kür meines Lebens. Ich wähnte mich am Ziel meiner Träume. Wusste ich doch, dass nach einer solchen Leistung der Einzug in eine der besten Trainingsgruppen des Landes bevorstand. Niemals werde ich den Moment vergessen, als die Stimme des Leiters der Jury durch die Lautsprecher ertönte und mein Name ausgerufen wurde. Und genauso wenig werde ich die enttäuschten Gesichter meiner Trainer vergessen, weil ich auf dem Platz stand, der ihrer Ansicht nach einem Mädchen zustand, das viel Vitamin B mit in den Verein brachte und diesem somit dienlicher war als ich.

Keine Anerkennung, keine Elite-Trainingsgruppe. Dafür von nun an Schikane, Hohn und Spott. Es dauerte noch eine Weile, bis ich aufgab – oder besser: bis meine Knie aufgaben. Dann beendete ich das, was mir mehr Freude machte als alles andere auf der Welt. Ich hänge meine Rollschuhe bildlich gesprochen an den Nagel und tauschte sie gegen Zigaretten, Alkohol und eine beschämende Lebensweise ein. Meine Mutter hatte schon längst keine Kontrolle mehr über mein Leben und ich war immer mehr angefüllt mit Wut und Neid; gleichzeitig fühlte ich mich als die größte Sünderin, die jemals auf Gottes Erde gelebt hatte. Ich war durch die miesen Tricks des Egos gefangen und von der Liebe getrennt. Der Gedanke, dass es besser gewesen wäre, nie geboren zu werden, dominierte mich von dieser Zeit an viele Jahre, in unterschiedlich langen Intervallen. Ich fühlte mich wertlos und innerlich zerbrochen. Von Gott verlassen und disqualifiziert durch mein Verhalten, ohne Chance, dass er sich meiner doch noch annehmen würde.

Geben wir uns dem Gedanken dieser inneren Trennung von der Liebe, also dem Gefühl, von Gott getrennt zu sein, hin, löst das in unserem Unterbewussten genau gleichzeitig das Gefühl der Schuld aus. Ein sehr subtiler Prozess, dem wir anfangs kaum auf die Schliche kommen. Wir fühlen uns schuldig, weil es sich anfühlt, als hätten wir eine Sünde begangen. Als hätten wir uns gegen die Liebe versündigt, genau in dem Moment, als wir uns auf die Seite des Egos stellten.

Dieser Erkenntnis folgt unweigerlich die Angst, enttarnt zu werden, und unser Ego nutzt die Gunst der Stunde und beginnt, uns noch tiefer in dieses Muster von Sünde, Schuld und Angst hineinzuziehen. Erinnerst du dich? Am Anfang unserer Reise habe ich dir ausführlich davon berichtet.

Einer der gemeinsten Tricks des Egos ist es, uns glauben zu machen, dass alles gut ist, solange wir unsere Angst einfach ignorieren. Das Ego will nicht, dass wir Liebe empfangen, das Ego will einen Grund zu attackieren. Am liebsten einen Menschen, der uns nahesteht. Das Ego ist der Feind, der uns Freundschaft vorheuchelt und uns mit Angstgeschichten weismachen will, dass wir ihm vertrauen können. Dass nur auf ihn Verlass ist.

Jede einzelne seiner Angstgeschichten ist wie ein glibberiger und klebriger Tentakel. Das Ego wirft sie nach uns aus, und wir verfangen uns darin.

In der Folge beginnen wir, uns die Geschichten des Egos immer wieder selbst zu erzählen, und verfangen uns damit noch tiefer in dem für uns gewobenen Netz aus Angst, Zweifel und Selbstmitleid. Der Zenit ist in dem Moment erreicht, wenn wir diese Angstgeschichten zu unserer Wahrheit werden lassen und das große Leugnen der Angst beginnt.

Das ist die Basis dafür, dass Menschen Schmerzen, Missbrauch, Lügen, Demütigungen und Terror aushalten und keinen Ausweg sehen. Das Ego ist dabei unglaublich hinterlistig und trickreich. Einer seiner fiesesten Tricks ist es, uns glauben zu machen, dass wir wertlos und ungeliebt sind. Und genau diesem Trick ging ich Schritt für Schritt in die Falle.

Den Kopf voller Flausen und mit vierzehn Jahren schon das Gefühl, die Weisheit des Lebens inhaliert zu haben, stand zu dieser Zeit meine Konfirmation an. Widerwillig begann ich am zweijährigen Vorbereitungsunterricht teilzunehmen. Das erste Mal nach meiner Taufe sah ich eine evangelische Kirche von innen. Welch nüchternes Pendant zu den prunkvollen katholischen Gotteshäusern. Doch zu meiner Überraschung gestaltete sich diese Zeit sehr bereichernd für uns alle. Bald schon tauschte ich meinen unsteten Lebenswandel zeitweise gegen regelmäßige Besuche in der Gemeinde ein. Aufgenommen in eine Gruppe von jungen Christen, engagierte ich mich und brachte mich in die Organisation des Kindergottesdienstes ein. Das Gefühl, dazuzugehören, streckte behutsam seine Fühler nach mir aus. Da – neben dem Rollkunstlauf – meine heimlichen Leidenschaften Schauspiel und Gesang waren, genoss ich es, vor der Gemeinde mein Talent zum Besten zu geben.

Ich lebte in zwei Welten, zwischen denen ich hin und her pendelte – jedoch fehlte mir der Mut, mich zu entscheiden. Zwei- bis dreimal die Woche ging ich zur Kirche meiner Gemeinde, um einen aktiven Dienst zu leisten, und den Rest der Zeit verbrachte ich in dem Jugendzentrum einer benachbarten Gemeinde und frönte einem unsteten Lebenswandel. Dort lernte ich dann auch den ersten Jungen kennen, der sich näher für mich interessierte. Die Freundschaft hielt ein paar Monate und nahm ein jähes Ende, als sich sein Vater heimtückisch mein Vertrauen erschlich und sich an mir sexuell verging. Nun fühlte ich mich noch elen- der und wertloser als jemals zuvor und zog mich aus beiden Wel- ten zurück. Der mieseste Trick des Egos hatte funktioniert, und der Teufel hatte leichtes Spiel mit mir.

Es sollte nicht bei diesem einen Missbrauchsvorfall blei- ben, und so verschwand, wenn überhaupt vorhanden, das letzte Fünkchen Selbstachtung in mir. Mein Innenleben war wie ein großes, dunkles Loch, das mich förmlich einsog, und ein Gefühl von Gefühllosigkeit durchzog mich. Was mir blieb, waren tiefe Scham und unendliche Einsamkeit. Mein Hadern mit Gott er- reichte in dieser Zeit einen weiteren Höhepunkt.

»Wo warst du, Gott? Warum hast du nichts getan, um das zu ver- hindern?« Hörte er mich nicht oder wollte er mich nicht hören? Ich bekam keine für mich wahrnehmbare Antwort auf diese Fragen. Auch in meinem Umfeld schienen alle überfordert ob der aktuellen Ereignisse – bis dahin, dass man mir nicht glaub- te, geschweige denn adäquate Unterstützung anbot. So wie nach dem Tod meines Vaters stand ich wieder hilflos der Scham wie der Trauer gegenüber und resignierte.

Meine innere Mauer, die durch diese Erlebnisse noch stabi- ler wurde, hätte allen Armeen dieser Welt standgehalten. Es war so entsetzlich beschämend für mich. Kaum machte ich ein paar

Schritte auf Gott zu – zack, fuhr mir das Schicksal wieder in die Parade. Kennst du dieses Gefühl? Mit Sicherheit. Wenn auch vermutlich in einem anderen Kontext. Nach dem Gesetz der Resonanz wärst du nicht in meiner Welt und würdest nicht meine Worte lesen, wäre dir diese Dynamik nicht in irgendeiner Form bekannt. Doch gerade weil du, liebe Leserin und lieber Leser, in meiner Welt bist, dürfte aufgeben für dich ebenfalls keine Option sein – so wie sie für mich keine ist und es niemals wirklich war! Einfach weitergehen, lautet die Devise.

Die Angst vor der Angst wurde nach den sexuellen Übergriffen meine engste Vertraute. Es gab über sie hinaus niemanden, dem ich in dieser Zeit bedingungslos vertraute. Sie jedoch kannte ich, sie war mir vertraut UND sie war einfach immer da.

Die sogenannte Gothic-Szene verbreitete sich damals wie ein Lauffeuer, und ich schloss mich einer Gruppe dieser schwarzen Szene an. Kennzeichen dieser Bewegung war, dass sich ihre Anhänger als Anti-Christen präsentierten; dies nach außen bekennend mit einem um ihren Hals baumelnden, auf dem Kopf stehenden Jesus-Kreuz. Ganz wohl war mir dabei nicht, doch alles war besser, als ganz allein zu sein.

Mit einem Pokerface ausgestattet, wurde ich unnahbar für alle Menschen, die mir begegneten. Das Pokerface hieß: Es ist alles in Ordnung, alles wunderbar. Ich komme allein klar und weiß, wo es langgeht. Ein typisches Verhalten von Menschen, die Missbrauch jeder Art erlebt haben und von Angst geprägt sind. Sie lernen aus reinem Überlebenstrieb, einfach so zu tun, als wäre alles okay und als wären sie mit der Art ihres Lebensstils absolut im Reinen. Und wenn in mir doch von Zeit zu Zeit das Gefühl hochkam, dass dieser Weg nicht der richtige war, gab es mehr als nur ein Mittel, um dieses Gefühl zu betäuben und zum Schweigen zu bringen.

Durch meine Zeit in der Gemeinde hatte ich für einen Moment erlebt, dass das Leben auch anders sein kann. Doch ich begriff – aufgrund der jüngsten Vorkommnisse – zu diesem Zeitpunkt noch nicht, dass wir im Leben immer eine Wahl haben und uns entscheiden können – vielmehr, dass wir uns jederzeit neu entscheiden können. Wie sollte ich auch. Meine Scham über das, was ich war, und vor allem über das, was ich erlebt hatte, übermannte mich wie ein dunkler Schatten und nahm mir die Luft zum Atmen.

In Johannes 8,32 verspricht Gott: »Ihr werdet die Wahrheit erkennen und die Wahrheit wird euch frei machen.«

Damit ist die Wahrheit gemeint, von der uns mit dem Sakrament der Taufe versprochen wird, dass sie uns zuteilwird. Gott ist die Liebe in Person. Gott liebt uns immer. Doch wir hören viel zu schnell auf, seine Liebe anzunehmen, vor allem dann, wenn unser Verhalten oder das von anderen nicht in Ordnung ist. Mit Gott haben wir in jedem Moment unseres Lebens die Kraft, die richtigen Entscheidungen zu treffen. Gottes Liebe basiert darauf, dass er uns als den Menschen liebt, den er gemacht hat – für die große Aufgabe, die uns zugedacht ist.

Wir müssen nicht erst irgendjemand werden oder ihm gar irgendetwas beweisen. Gott ist ein Gott der Gnade und der Wunder. Lernen wir, ihm auch in unseren dunkelsten Stunden zu vertrauen, wird er uns durch diese hindurchführen und uns am Ende erstrahlen lassen wie der schönste Diamant, den wir uns vorstellen können.

Gott, die Liebe, ist überall. Sie ist in allem Guten, aber auch in allem Schlechten und Verkorksten. Wenn Gott einen Traum in unser Herz pflanzt, und das vermag er bei jedem Einzelnen von uns zu tun, dann beginnt er gleichzeitig damit, uns für unsere Mission auf dieser Welt bereit zu machen. Das bedeutet, er unterstützt uns mit den richtigen Impulsen zur richtigen Zeit, damit wir lernen, unser Ego zu enttarnen und in die Schranken zu weisen. Während wir noch in einem Zustand der Hoffnungslosigkeit verweilen, wird in Wahrheit im Hintergrund bereits alles zu unseren Ehren vorbereitet. Mit viel Hingabe beginnt Gott unser Verhalten zu wandeln, damit wir die Welt durch unsere guten Früchte zu einem besseren Ort werden lassen.

Unendlich viel Geduld und Liebe legt er in die Aufgabe, unseren ungestümen, oftmals sehr temperamentvollen Geist zu formen. Nach und nach beginnt, initiiert durch IHN, eine manchmal schmerzhafte Reise, die nur ein einziges Ziel hat: uns zu der besten Version unserer selbst werden lassen. Ist das nicht eine verheißungsvolle Vorstellung?

Gott ist reine Liebe. Eine Liebe, die weder wertet noch urteilt. Mein Leben änderte sich genau in dem Moment, als ich erkannte, dass Gott mich so liebt, wie ich bin, und ihn selbst mein größtes Versagen nicht daran hindert, mich zu lieben. Und das gilt für jeden Menschen.

Seine Gnade ist so viel größer als alle vermeintlichen Fehler, die wir jemals begehen können. Sie ist größer als alles Leid, das uns widerfährt oder das wir bewusst oder unbewusst anderen zufügen. Jesus Christus, sein Sohn, ist für uns am Kreuz gestorben. Er hat den Preis für unsere Freiheit schon vor unglaublich langer Zeit bezahlt. Hören wir auf damit, heiliger sein zu wollen, als wir es ohnehin schon sind. Jeder Kampf erübrigt sich, wenn wir seine Erlösung für uns einfach annehmen. Gott hatte nie den Anspruch an uns, dass wir perfekt sind. Sein Wunsch ist einfach nur, dass wir unsere Herzen öffnen und seine Gnade empfangen und beginnen, aus ihr zu leben.

Als ich das viele Jahre später für mich erkannte, erlebte ich zum ersten Mal etwas wie Frieden und Freude in mir, so wie ich es mir lange Zeit ersehnt hatte. Die Gewissheit, dass Gott mich liebt, genau so, wie ich bin, dass er zu mir steht, ungeachtet dessen, was ich tue oder getan habe, ist heute das Fundament meines Lebens.

Ganz egal, wo du jetzt in diesem Moment in deinem Leben stehst: Gib nicht auf! Dir steht ein Platz auf der großen Bühne Gottes zu, der dich erfüllt und glücklich macht. Eines Tages, das weiß ich sicher, wirst du sagen: Danke, Gott, für alles, was war; für all die geleistete Arbeit; für all die Entbehrungen und all den Schmerz. Es kann sein, dass du während deiner Reise innerlich an deinen und den kollektiven Herausforderungen zu zerbrechen drohst. Doch es ist Gottes Güte, die dich durch diese Herausforderungen auf deiner Reise formt. Wir verdanken es seiner Gnade, dass sich so manche Tür nicht öffnet, bevor ihre Zeit gekommen ist. Und vertraue darauf, dass es gut so ist. Es ist die göttliche Weisheit, die das Feuer der widrigen Umstände durch unser Leben ziehen lässt. Und es ist das Ziel dabei, dass wir die Erkenntnis erlangen, dass es jede einzelne Station braucht, damit die von Gott in unser Herz gepflanzte große Vision zur vollkommenen Entfaltung gelangt.

Der *Kurs* sagt: »Wunder geschehen auf natürliche Weise, als Äußerung der Liebe. Das wirkliche Wunder ist die Liebe, die sie inspiriert. In diesem Sinne ist alles, was aus der Liebe kommt, ein Wunder.« Heute weiß ich, dass Gottes Plan für uns um ein Vielfaches größer und schöner ist, als wir uns das als Mensch vorstellen können. Die Türen, die durch die Liebe geöffnet werden, vermag niemand je wieder zu schließen.

Darum fordere ich dich ab jetzt auf, Wunder in deinem Leben zu erwarten. Ganz egal, was du in deinem Leben getan oder nicht getan hast. Du hast ein Recht auf Wunder, und NICHTS ist dabei für Gott unmöglich. Du hast ein Recht auf Wunder, und diese definieren sich nach den Prinzipien des *Kurses* durch eine Verschiebung der Sichtweise – von der Angst zur Liebe. Von der Sichtweise des Egos zur Sichtweise Gottes.

Das, was es braucht, ist die Überwindung des Egos, sodass Gottes Liebe und Power durch dich wirken können. Gott bringt uns genau in die Position, die ER für diesen Moment für uns vorgesehen hat. Kein Platz ist dabei größer, wichtiger, einflussreicher oder besonderer als andere. Jeder Platz ist *gleich*-gültig und besitzt dieselbe Wertigkeit.

Das Vertrauen zu entwickeln, dass alles einem größeren Plan entspringt, ist essenziell, damit wir den Mut in uns finden, aus eigener Kraft aus der Opfer- wie auch aus der Täterrolle auszusteigen. Der erste Schritt ist, dass wir uns selbst die Ego-Gedanken vergeben lernen, denen wir viel zu lange Glauben geschenkt haben.

Ja, natürlich habe ich oft gedacht, dass Gott dieses oder jenes doch hätte verhindern können. ER, der alles erschaffen hat. Doch das war nicht der Deal, den wir mit ihm eingingen, als wir in dieses Leben gesprungen sind. Der Deal war, dass wir erkennen, dass wir uns – durch den Glauben an das Ego – von Gott entfernen, und nicht umgekehrt, dass Gott sich von uns entfernt. Die Vereinbarung beinhaltet, dass er, wenn wir kraft unseres freien Willens den Weg zu Gott zurückfinden, uns durch alle Herausforderungen hindurch begleitet. Er trägt uns nicht »drum herum« und er löscht auch nicht aufgrund eines Bonusprogrammes für gutes Verhalten Probleme einfach aus.

Gott führt uns mit seiner Liebe durch die größte Dunkelheit hindurch. Als treu sorgender Vater beraubt er uns keiner einzigen Erkenntnis, die wir aus unseren Aufgaben gewinnen können. Erkenntnisse, die uns reifen und wachsen lassen. Die uns zu dem wundervollen Menschen werden lassen, der wir in Wahrheit schon längst sind. Seine Liebe hilft uns, das zu erkennen.

Als liebender Vater zwingt er uns auch nicht, die gewonnenen Erkenntnisse anzunehmen. Er hat alle Zeit der Welt und wir auch. »Jeder in seinem Takt – jeder in seinem Laufschritt. Jeder in seinem Rhythmus – jeder, wie er es vermag!« So beschreibt es die von mir geschätzte Sängerin Ute Ullrich in ihrem Album *Herzkraft*.

Gott in den dunkelsten Zeiten zu vertrauen ist der Garant dafür, dass er uns durch sie hindurchführt und uns dann – in den hellen und lichten Tagen – wie pures Gold erstrahlen lässt. Vertrauen wir ihm in den dunkelsten Stunden unseres Lebens, ohne an seiner Liebe zu zweifeln, dann erlangt unsere Beziehung zu Gott genau jene Basis, die es ihm ermöglicht, uns zu vertrauen, wenn wir die goldenen Zeiten des Erfolgs erleben. ER ist großartig, und unser unerschütterlicher Glaube ist für ihn der größte Dank.

Lange Zeit habe ich geglaubt, dass ich mich durch mein schändliches Verhalten in jungen Jahren für Gott disqualifiziert hätte. Dass ich Gottes Liebe nicht verdient hätte und ich deshalb bestraft würde. Doch Gottes Plan war und ist ein anderer. Er ist für jeden von uns großartig. Wenn wir uns für seine Liebe entscheiden, dann kann es sein, dass er die Dinge in unserem Leben so schnell zu verändern beginnt, dass wir uns wie ein Brummkreisel fühlen. Mir war mehr als einmal schwindelig, wenn Gott Wunder in meinem Leben vollbracht hat.

Doch wir müssen dazu bereit sein und uns die innere Erlaubnis geben, dass ER uns wie einen Klumpen Lehm zu dem Menschen formt, den ER in uns sieht. Alles, was ER tut, geschieht zu unserem höchsten und besten Wohle. Darauf müssen wir vertrauen. Vielleicht wird sich so manches in unserem Leben, auf das wir gehofft haben, nicht erfüllen. Doch wenn wir uns von Gott formen lassen, dann wird ER dafür sorgen, dass es uns nichts ausmacht. Weil wir erkennen, dass es in Wahrheit für unseren Weg nicht wichtig war. Dass die Erfüllung dieses Wunsches lediglich das Ego genährt hätte – aber nicht die Früchte hervorgebracht hätte, zu denen wir durch die Liebe befähigt sind.

Ich bin davon überzeugt, dass jeder von uns immer wieder diesen einen Moment erlebt, der es uns ermöglicht, neu zu entscheiden. In Wahrheit bin ich davon überzeugt, dass jeder Moment so ein Moment ist.

Seit meiner Entscheidung, die Liebe statt die Angst zu wählen, fällt es mir wesentlich leichter, mich durch den Heiligen oder, wie es im *Kurs* steht, reinen Geist führen zu lassen. Auch oder besser gerade in herausfordernden Situationen. Es ist dabei nach wie vor meine Entscheidung, wie ich mit den Dingen des Lebens umgehe. Genauso wie es deine Entscheidung ist und bleibt, was du mit deinem Leben anfängst.

Es ist ganz allein unsere Sache, wie wir mit den verschiedenen Prüfungen des Lebens umgehen. Dabei spielt es keine Rolle, ob es sich dabei um einen Autofahrer handelt, der uns ausbremst oder andere verrückte Dinge tut ... oder ob es die langsame Kassiererin ist, die gefühlte Jahre braucht, um ihre Kassenrolle zu wechseln. Oder ob es sich um Katastrophenmeldungen handelt, die unser Leben erschüttern – egal, ob es dabei um die vernichtende Kraft eines Hurrikans geht oder die tödliche Attacke eines Terroristen.

Das Verhalten von dem zu trennen, was wir in Wahrheit sind, ist essenziell, wenn wir in einer Welt voller Frieden und Freiheit leben wollen. Denn solange wir uns auf das Verhalten eines Menschen fokussieren, werden wir uns im Kreis drehen und keine nachhaltigen Lösungen für Konflikte finden. So wie die Katze, die ihrem Schwanz nachjagt und ihn letzten Endes doch nicht erwischt. Wir können Dinge nicht auf der gleichen Ebene lösen, auf der sie entstanden sind. Um diese Welt zum Besseren zu ändern, bedarf es des Mutes, eine Ebene tiefer zu gehen.

Es ist nicht an uns zu richten – wir tun gut daran, das Gott zu überlassen. Als ich vor einiger Zeit meine geistige Mentorin Marianne Williamson in Berlin persönlich kennenlernte, sagte sie während eines Vortrages Folgendes:

Wir können von jedem Menschen etwas lernen – auch von einem Selbstmordattentäter. Denn wenn wir unsere Aufmerksamkeit nicht auf das Verhalten lenken, sondern auf das, was diesen Menschen motiviert, dann werden wir erkennen, dass eine solche Tat nur möglich ist, wenn der Mensch, der sie ausführt, bereit ist, für seine Werte und seinen Glauben hinzugehen und zu sterben. Wie tief verankert müssen das Vertrauen und der Glaube eines Menschen an seine Überzeugungen sein, damit er zu solch einer Tat fähig ist?

Danach herrschte eine lange Zeit Ruhe im Vortragsraum, und Marianne wusste, dass sie durch ihre Worte die anwesenden Menschen denkend und fühlend machte. Wie steht es mit unserem Glauben, mit unseren Werten? Sind wir bereit, für das, woran wir glauben, zu sterben? So, wie Jesus sich hat ans Kreuz schlagen lassen – für uns! Er hat sein Leben in dem tiefen Vertrauen an seinen Vater gegeben, um das unsere zu retten. Er starb für unsere Freiheit!

Auch wir sind aufgerufen – im übertragenen Sinne –, etwas in uns sterben zu lassen, damit wir dieses Erbe der Freiheit auch wirklich leben können. Wir sind aufgerufen, den Glauben an das vernichtende Denksystem des Egos sterben zu lassen: indem wir uns diesen Glauben an das, was das Ego uns lange hat weismachen wollen, selbst verzeihen.

Wenn wir gelernt haben, den Geist auf die Liebe zu lenken, erkennen wir umgehend, wenn das Ego uns foppen will. Doch sollten wir stets vor diesem »Feind« auf der Hut sein. Die machtvollste »Waffe« gegen ihn ist die Liebe, die unumstößlich durch uns pulsiert. Sie wird auch dir unterstützend zur Seite stehen, wenn du bereit bist, dir selbst zu verzeihen, wenn du Gefahr läufst, dem Ego in die Falle zu tappen.

Gott öffnet Türen, die NIEMAND zu schließen vermag. In Lektion 14 des *Kurses* steht: »Was Gott nicht erschaffen hat, existiert nicht. Und alles, was tatsächlich existiert, existiert so, wie ER es erschaffen hat.«

Ein essenzieller Leitgedanke. Die Erkenntnis, dass du erst durch die Liebe Gottes dazu befähigt bist, dass sich der außergewöhnliche Plan, der in dir angelegt ist, entfalten kann, ist die grundlegendste Lektion, die du jemals lernen kannst.

Wenn ich heute zurückschaue, dann habe ich viele für mich wichtige Träume und Ziele losgelassen – zugunsten eines noch größeren und besseren Plans. Des Plans, für den ich geboren und gestartet bin in dieser Welt.

Es ist wesentlich für unseren Seelenfrieden, dass wir aufhören zu denken, wir wüssten, was wirklich das Beste für uns ist. Dass wir aufhören, über uns und andere zu richten. Erst wenn wir dem Schöpfer bedingungslos vertrauen, dass seine Idee für uns unsere eigene Idee immer übertreffen wird, werden wir in der Lage sein, eine Welt des Friedens und der Freiheit zu erfahren.

Im zweiten Brief an die Korinther fand ich folgende Textstelle: »Lass dir an meiner Gnade genügen, denn meine Kraft ist in den Schwachen mächtig. Darum will ich mich am allerliebsten rühmen meiner Schwachheit, damit die Kraft Christi bei mir wohne.« (12,9) Mich ermutigen diese Worte, meiner Schwäche und meinen Ängsten in Liebe in die Augen zu sehen. Denn meine Schwäche führt mich direkt zur Kraft der Liebe Gottes.

Ein Weg beginnt mit dem ersten Schritt, den wir gehen. Und der erste Schritt ist der, uns selbst zu vergeben, dass wir all den vernichtenden Gedanken unseres Egos so lange Glauben geschenkt haben.

Um ein erfülltes und auf Freiheit beruhendes Leben zu führen, müssen wir bereit sein, die Vergangenheit loszulassen, den Menschen zu vergeben, die uns verletzt haben, und uns selbst.

In diesem Kapitel habe ich dich an einigen meiner Lebensstationen teilhaben lassen, die mich dem Thema Vergebung ungewollt sehr nahgebracht haben.

In Lektion 121 des *Kurses* heißt es: »Der Geist, der nicht vergibt, ist voller Angst und lässt der Liebe keinen Raum, sie selbst zu sein, und keinen Platz, wo sie in Frieden ihre Flügel öffnen und sich über den Tumult der Welt erheben kann. Der Geist, der nicht vergibt, ist traurig, ohne Hoffnung auf eine Ruhepause und Erleichterung aus dem Schmerz. Er leidet und verharrt im Elend, späht in der Dunkelheit umher, ohne zu sehen, doch überzeugt von der dort lauernden Gefahr.«

Auf den Punkt gebracht

Manchmal erscheint uns das Leben so ungerecht und gnadenlos, dass wir dem Ego-Gedanken des Mangels erliegen. Die Gefahr ist, dass wir tief in uns zu glauben beginnen, es nicht wert zu sein, ein glückliches, reiches und vitales Leben zu führen. Gefesselt an all die einschneidenden Ereignisse, die uns das Leben beschert hat, fühlen wir uns in manchen Momenten als Opfer und im schlimmsten Falle vollkommen wertlos. Es ist so wichtig, dass wir dem Ego nicht länger erlauben, uns seine Lügen ins Gesicht zu sagen mit dem Ziel, dass wir uns klein und hilflos fühlen. Auch wenn es uns manchmal scheint, als kämpften wir wie David gegen Goliath. David jedoch hat sich nicht für die Angst entschieden. Und wenn es im Laufe dieser mich faszinierenden Geschichte immer wieder schlecht für ihn aussah, hat ihm Gott letzten Endes zum Sieg verholfen. Manchmal haben wir im Leben das Gefühl, dass sich das gesamte Blatt gegen uns wendet und sogar Menschen, die uns nahestehen, an uns zu zweifeln beginnen. Doch wenn wir denken, dass niemand mehr auf unserer Seite steht, und glauben, dass der Verlust uns überwältigen wird, gibt es etwas, was bleibt: die Liebe – also Gott. In diesen Momenten die Worte der Liebe zu sprechen wird uns an den Ort bringen, an dem wir erkennen, dass das, was uns böse erschien, durch die Liebe zum Erfolg gebracht wird.

Die Geschichte von König David im Kampf gegen die Amalekiter beschreibt anschaulich die Verzweiflung und die scheinbare Gottverlassenheit, die sich in dunklen Zeiten ihren Weg durch unser Herz zu bahnen versucht. In Psalm 23,1 lesen wir, von David aufgeschrieben: »Der Herr ist mein Hirte, mir wird es an nichts mangeln.« Und weiter in 23:4: »Auch wenn ich wandere im Tal des Todesschattens, fürchte ich kein Unheil, denn du bist bei mir.«

Wenn du dir die Zeit nimmst und die ganze Geschichte von König David liest, wirst du nicht nur feststellen, dass es sich um eine faszinierende Erzählung mit hilfreichen Erkenntnissen handelt, sondern auch, dass Gott ihn ermutigt hat zu kämpfen. Und es blieben nicht alle Soldaten an seiner Seite. So wie nicht alle Menschen, die sich in guten Momenten zu uns bekennen, auch in schwierigen Zeiten die Ausdauer oder Entschlossenheit haben, für die gemeinsamen Ziele und Werte einzustehen. Doch ist das nicht entscheidend. David konnte Gott nur fragen, ob er kämpfen solle, und dann galt es, Gott zu vertrauen! Und David ging in seinem Kampf weiter, auch ohne jene, die zu erschöpft und müde waren. David gab nicht auf und kämpfte. Und David holte alles zurück, was die Amalekiter sich genommen hatten. Nichts fehlte.

Und darum ist es ganz egal, an welchem Punkt du jetzt stehst und mit welchen Teilen deiner Geschichte du unversöhnlich bist, weil du das Gefühl hast, beraubt worden zu sein. So wie ich mich betrogen und verletzt fühlte durch die Verluste und die Übergriffe, die ich erlebte. Vielleicht ist es so, dass wir von vielen Menschen abgelehnt werden oder es ihnen an Vertrauen mangelt, wenn wir beginnen, uns für den Weg der Liebe und damit für Gott zu entscheiden. Doch nur so können wir den Sieg einfahren. Darum fordere ich dich auf: Gib nicht auf! Fliehe nicht aus Verzweiflung vor dem Feind und überlasse dem Ego nicht das Regiment. Falle nicht länger auf seine boshaften und raffinierten Tricks herein. »Nur Güte und Gnade werden mir folgen alle Tage meines Lebens und ich kehre zurück ins Haus des HERRN ein Leben lang.«

In Lektion 14 des *Kurses* ist folgender Leitgedanke beschrieben: »Gott hat keine bedeutungslose Welt geschaffen. Was Gott nicht erschaffen hat, existiert nicht. Gott hat weder die Kriege dieser Welt erschaffen noch irgendein Unglück, das uns oder anderen Menschen widerfahren ist. Gott ist Liebe, und die Liebe vermag nur selbiges zu erschaffen. Alles andere ist das Werk des Egos.«

Ich glaube, der größte Segen und gleichzeitig der größte Fluch, den uns Gott geschenkt hat, ist, dass wir einen freien Willen haben. Wir haben die Freiheit, dem Ego genauso gehorsam zu folgen, wie wir es auch mit der Stimme der Liebe handhaben können. Es ist jedes Mal unsere eigene Entscheidung.

Mit den Worten des *Kurses:* »Die oben beschriebenen Dinge sind Teil der Welt, die du siehst. Einige davon sind Illusionen, die du mit anderen teilst, andere wieder gehören zu deiner persönlichen Hölle. Es ist nicht von Belang. Was Gott nicht erschaffen hat, kann nur in deinem eigenen Geist getrennt von dem SEINEN sein. Deshalb hat es keine Bedeutung.«

Wie bereits im ersten Kapitel besprochen, ist es vollkommen egal, an welchen unangenehmen Ereignissen oder Verhaltensweisen wir gefühlsmäßig immer noch verhaftet sind. Entscheidend ist nicht, *warum* wir fühlen ... sondern *was!* Jedes Gefühl des Mangels wie Angst, Schuld, Neid, Ärger oder Wut wird quasi in jeder Zelle unseres Körpers gespeichert. Durch das universelle Gesetz der Resonanz kreieren wir uns in der Folge wie in einer Endlosschleife immer wieder ähnliche Situationen. Mangel zieht dabei Mangel an. Das Universum hält uns sozusagen einen Spiegel vor das Gesicht, indem es uns Personen oder Situationen kredenzt, die uns auf unseren energetisch abgespeicherten Mangel aufmerksam machen.

In meinem Fall zog ich durch das Anhaften an die immer wieder in mir kreisenden Gedanken und Überzeugungen Situationen in mein Leben, die immer drastischer wurden. So, als würde Gott mit einem Zaunpfahl winken, damit ich endlich wach werde und mich mit seiner Liebe positiv erfüllen lasse. Stattdessen warf ich, durch dieses Verhaftetsein an den Glauben des Mangels und damit den Glauben des Egos, praktisch eine imaginäre Angel aus und holte mir meine Altlasten in neuem Design immer wieder in mein Leben zurück. Ein wichtiger Schritt, um wahre Vergebung zu leben, ist daher, dass wir uns selbst vergeben. Ja, du liest richtig: Um uns nachhaltig aus den Fängen des Egos zu befreien, dürfen wir uns selbst erst einmal unseren Glauben an die immer wiederkehrenden Ego-Gedanken verzeihen. Mit dem Versprechen an uns selbst, dass wir ab jetzt den vernichtenden Gedanken des Egos keine Aufmerksamkeit mehr schenken.

MIR BEWUSST SEIN

Nimm dir die Zeit und reflektiere dieses Kapitel noch einmal anhand folgender Fragen. Tu es für dich und um deiner Freiheit willen.

Du hast gelesen, wie mir es ergangen ist, und vielleicht sind dir dabei sofort Situationen aus deinem Leben eingefallen, von denen du weißt, dass es besser wäre, den Weg der Vergebung zu praktizieren, du diesen Schritt jedoch bis heute noch nicht gehen konntest. Warum, ist an dieser Stelle vollkommen egal. Du wirst deine Gründe gehabt haben, und die gilt es zu akzeptieren. Doch vorausgesetzt, du wärest jetzt, in diesem Moment, zur Vergebung bereit, was glaubst du, welchen Nutzen hätte das für dich?

....

....

....

Halte ganz ehrlich Innenschau und reflektiere, welchen Personen du bis heute nicht vergeben konntest, einschließlich dir selbst. Sei dir bewusst, dass dem anderen nicht zu vergeben bedeutet, selbst Gift zu schlucken und zu hoffen, dass der andere daran stirbt. Wem musst du noch vergeben, damit du wirklich frei bist? Und bedenke, wenn schon allein der Gedanke an eine Person oder Situation dein Blut in Wallung bringt, ist das ein gutes Indiz dafür, dass an dieser Stelle Vergebung fließen darf, als Schlüssel zur Freiheit. Schreibe nur für dich die Personen auf, an die du noch durch Unversöhnlichkeit gebunden bist.

....

....

....

Wenn du ab jetzt Freiheit durch Vergebung als deine Art, im Leben zu stehen, leben würdest – wenn also Vergebung durch Gott zu erfahren, sie dir selbst zu schenken und auch anderen Menschen, die dich verletzt haben, zukommen zu lassen, dein Selbstverständnis ist: Was würde sich dann für dich in deinem Leben verändern? Was wäre dann für dich möglich und lebbar, was dir bislang nicht möglich ist?

....

....

....

Wenn das, was dich daran hindert, wahre Vergebung zu praktizieren, deine große Wut auf Gott ist, dass diese Dinge überhaupt geschehen konnten (auch wenn ich meinen Groll und meine Wut lösen konnte, kann ich gut verstehen, wenn es bei dir noch nicht so ist), wenn es also um den Groll gegenüber

Gott geht, was genau bräuchtest du, um diesen Groll zu überwinden? Welche Eigenschaft oder Art der Unterstützung wäre es?

....

....

....

....

Was macht die Aussage mit dir, dass Gott all diese vernichtenden Situationen nicht erschaffen hat? Dass sie stattdessen dem Verhalten der Menschen entspringen? Und dass es nicht Gottes Aufgabe ist, etwas zu verhindern, sondern dass seine Aufgabe darin besteht, uns die Kraft und Liebe zu geben, damit wir gestärkt aus den Herausforderungen unseres Lebens hervorgehen? Mit dem Ziel, dass wir die beste Version unserer selbst werden, dass wir innerlich wachsen und geistig reifen?

....

....

....

....

Nimm dir zum Beantworten dieser Mir-bewusst-sein-Übung so viel Zeit, wie du brauchst. Einige Dinge begleiten dich vielleicht schon lange Zeit. Glaube mir, es ist besser, du gehst diesen Weg mit Bedacht und kompromisslos, als dass du nur so tust als ob und sich damit nichts ändern kann. Es geht um dich und dein Leben. Du allein gibst das Tempo vor. Das folgende Gebet und die Affirmation können dich unterstützen:

Ich entscheide mich ab jetzt dafür, mich so zu akzeptieren, wie ich bin. Ich bin dankbar, dass ich durch die Geschichte, die mein Leben durchzieht, zu dem Menschen werden konnte, der ich bin. Die Liebe gibt mir die Stärke, wo ich manchmal schwach scheine, und sie vergibt mir alle unbewusst oder bewusst begangenen Fehler. Sie erfüllt mich in jedem Moment mit Gnade, damit ich mir selbst vergeben kann und mit meiner Geschichte in Frieden komme. Danke, dass du mich erfüllst, und lass mich ab jetzt mein Leben und mich selbst durch deine Augen sehen.
Amen!

༄

Ich bin bereit, ab jetzt in allem Liebe statt Angst zu sehen.

3

Heiße Freiheit in deiner Welt willkommen

Ihr aber, liebe Brüder, seid zur Freiheit berufen!
Allein sehet zu, dass ihr durch die Freiheit dem Fleisch nicht Raum
gebet; sondern durch die Liebe diene einer dem anderen.

GALATER 5, 19

Vielleicht befindest du dich gerade in einer Situation, die von dem, was wir im Allgemeinen unter Freiheit verstehen, weit entfernt ist. Du siehst dich vielleicht einem augenscheinlich monströsen Berg von Sorgen gegenüber, und dir fehlt der Glaube daran, dass du ihn überwinden kannst. Ich habe lange geglaubt, dass ich meinen Berg nicht überwinden kann und dass ich verdammt bin durch das, was ich getan und auch nicht getan habe. Verdammt, im Tal der Tränen ausharren zu müssen. Disqualifiziert für ein erfülltes und erfolgreiches Leben in Frieden und Freiheit. Lange sah ich mich als Opfer der Umstände, und wehe, mir sagte jemand etwas in der Art, wie ich hier mit dir spreche. »Hast du überhaupt eine Vorstellung, wie es mir geht und wie schwer ich es habe? Meinst du etwa, dass ich mir das alles selbst ausgesucht habe?«, wäre meine entrüstete Antwort gewesen.

Doch ganz egal, ob es sich um eine verfahrene Beziehung handelt, in der du dich gefangen fühlst, einen Missbrauch, den du erlebt hast, ob du dich einer gesundheitlichen Herausforderung ausgesetzt siehst, deine Finanzen gerade ihren absoluten Tiefpunkt erreicht haben oder du beruflich keine Perspektive erkennst. Egal, wie es jetzt in deinen Ohren klingt: Es liegt ein tieferer Sinn in der Situation, in der du dich gerade befindest. Und ja, du hast in irgendeiner Form bewusst oder unbewusst deinen Beitrag dazu geleistet. Vielmehr dein Glaube an das, was das Ego dir unaufhörlich über einen langen Zeitraum zugeflüstert hat. Ich liebe in diesem Zusammenhang die Worte Jesu aus Markus 11,22: »Habt Glauben an Gott! Wahrlich, ich sage euch: Wer zu diesem Berge spräche: Heb dich und wirf dich ins Meer, und zweifelte nicht in seinem Herzen, sondern glaubte, dass geschehen werde, was er sagt, so wird's ihm geschehen.«

Es gibt Zeiten des Gebets und es gibt Zeiten, ganz klar auszusprechen, was genau du wirklich willst. Grundvoraussetzung jedoch ist, dass du glaubst, dass das Tal, durch das du gerade gehst, einzig und allein die Vorbereitung auf das ist, was auf dich wartet, wenn du es durchschritten hast.

Erinnere dich an die Worte, die den *Kurs in Wundern* ausmachen: »Nichts Wirkliches kann bedroht werden. Nichts Unwirkliches existiert. Hierin liegt der Frieden Gottes.«

Sprich zu deinem Berg und sage, dass er eben werde. Denn er ist nicht wirklich. Die Welt, so wie du sie siehst, und damit auch der Berg, der sich dir in den Weg stellt, spiegelt in Wahrheit deine inneren Überzeugungen, Gedanken, Wünsche und Emotionen wider. Wenn es also in deiner Welt irgendeine Form von Mangel gibt, in den du, wenn auch »nur« gedanklich, investiert hast, dann übernimmt da gerade der Feind – das Ego – die Regie im Film deines Lebens.

Verzeihe dir selbst, so wie wir es im vorherigen Kapitel besprochen haben, den Glauben an die miesen Tricks des Egos und jage es in die Wüste. Überlass es der Liebe, sprich: Überlass es Gott, und lass ihn durch dich wirken.

Die Lösung, die wir durch Gott erfahren, geschieht für uns oft erst einmal nicht wirklich sichtbar, doch unser Vertrauen und unser Glaube an die Liebe bilden die Matrix, durch die Gott direkt beginnt, im Unsichtbaren zu wirken ... und das immer zu unserem höchsten und besten Wohle. Einzig und allein auf dieser Grundlage können wir wahre Freiheit generieren und unsere inneren Fesseln sprengen. Alles andere wäre lediglich ein »so tun als ob«, dem – wenn überhaupt – eine temporäre Freiheit folgt.

Doch lass uns dieses brisante Thema Schritt für Schritt angehen. Denn wir erleben gerade in der ganzen Welt, was es bedeutet, wenn die Freiheit nachhaltig in Gefahr ist. Vor kurzem teilte die *Süddeutsche Zeitung* mit, dass Hunderttausende Flüchtlinge derzeit nach Deutschland kommen. Und auch, wenn ihnen viel Hilfsbereitschaft entgegengebracht wird, so doch auch Hass und Fremdenfeindlichkeit. Die Welt braucht dringend ein Wunder. Und dieses Wunder beginnt in jedem Einzelnen von uns, als ganz natürliche Äußerung der Liebe.

Im 18. Grundsatz für Wunder im *Kurs* finden wir folgende Aussage: »Ein Wunder ist ein Dienst. Es ist der maximale Dienst, den du einem anderen erweisen kannst. Es ist eine Art, deinen Nächsten zu lieben wie dich selbst. Du nimmst gleichzeitig deinen eigenen Wert und den deines Nächsten wahr.«

Wir haben wirklich allerhand zu tun und sollten beginnen, für unsere Werte einzustehen: in jeder Lebenssituation, ohne Ansehen des Standes, der Hautfarbe und/oder Herkunft eines Menschen.

Der Spiegel der Gesellschaft hat immer auch etwas mit uns

selbst zu tun. So wie im Verlauf des Buches schon mehrmals erwähnt, ist es an der Zeit, dass wir die Kriegsgebiete in unserem Inneren befrieden. Dass wir lernen, wie wir wirkliche Freiheit für uns in Anspruch nehmen können. Doch dazu ist es wichtig, dass wir lernen, dem wahren Feind – dem »Teufel«, das heißt dem Ego – in die Augen zu sehen.

Und hier kommt die gute Nachricht: Gott kann alles, was wir tun, gebrauchen und für uns zum Guten wenden. In jeder scheinbar noch so katastrophalen Situation wartet ein Geschenk darauf, gebor(g)en zu werden. Während kein einzelner Mensch allein die ganze Welt retten kann, kann jeder Einzelne von uns sehr wohl aus eigener Kraft seine innere Welt retten, und das – und jetzt kommt eine weitere gute Nachricht –, das hat einen großen Einfluss auf die gesamte Welt, in der wir leben. Wie oben, so unten; wie innen, so außen. Die hermetischen Gesetze greifen immer.

Jeder von uns kann jetzt, genau in diesem Moment, die Veränderung sein, die er sich bewusst oder unbewusst im Außen wünscht! Und diese Veränderung bedeutet Freiheit und Frieden für die Welt, die uns in diesem Leben zur Verfügung steht!

Hast du dir schon einmal die Frage gestellt, was Freiheit für dich ganz persönlich bedeutet? Stell dir vor, Freiheit ist die Art, wie du ab jetzt im Leben stehst. Wie fühlt sich wahre Freiheit in dir an? Wo genau am oder im Körper fühlst du sie? Was genau ist alles möglich für dich, wenn du Freiheit lebst? Was verändert sich in deinem Leben, wenn du es aus deiner Freiheit heraus gestaltest? Welchen scheinbaren Tod müsstest du sterben, damit Freiheit in deiner Welt lebbar ist?

Ich habe viele Menschen in meinem Leben getroffen, die wirklich dramatische Ereignisse durchlebt haben. Sei es eine schwere Krankheit, das wirtschaftliche Aus oder andere private wie berufliche Krisen. Ausnahmslos alle, die ihre Form von Herausforderung hinter sich gelassen haben, berichteten mir, dass sie daraus am Ende um ein Vielfaches gestärkt hervorgegangen sind. Und dass sie eine unendliche Dankbarkeit in sich verspüren dafür, dass ihnen eine zweite Chance geschenkt wurde. Sie haben gelernt, nach vorn zu sehen und die Vergangenheit lediglich als einen Teil der Geschichte zu betrachten, die Teil ihres Lebens war und dazu beigetragen hat, wer sie heute sind. Sicherlich fallen dir jetzt spontan ebenfalls Menschen in deiner Umgebung ein, die davon berichtet haben, dass sie zu neuen – »besseren« – Menschen geworden sind, nachdem sie ihre gefühlte Hölle durchlebt haben.

Die bewegenden Geschichten von Menschen, die uns begegnen, und auch unsere eigenen Erfahrungen können unser Bewusstsein dafür sensibilisieren, dass unser Leben nichts Selbstverständliches ist. Unser Leben wird uns durch Gott geschenkt. Wir können nicht wissen, wie lange wir dieses von Gott gegebene Geschenk genießen können. Wir wissen nicht, ob wir nächstes Jahr um diese Zeit noch hier sein werden.

Darum hat es keinen Sinn, sich über längst vergangene Dinge Sorgen zu machen. Wir berauben uns damit lediglich unserer Lebensqualität und werden unfrei. Denn Sorgen, Nöte und Ängste sind ein Ausdruck des Ego-Teufels, der uns in seinem Gefängnis verrotten lassen möchte. Vielleicht sieht es in deiner Welt gerade nicht rosig aus, doch du lebst. Und solange sich noch eine Zelle in deinem Körper dessen bewusst ist, ist in jedem Moment ein Wunder möglich.

Als ich mich als junge Erwachsene auf meinem spirituellen Weg meinen ersten Lehrern anvertraute, durfte ich mich der Frage, wie sich Freiheit anfühlt, bis zum Exzess widmen. Auch wenn ich zu Beginn nicht wirklich wusste, was da von mir erwartet wurde und wo mich das hinführen sollte, ließ ich mich darauf ein. Heute bin ich für die Hartnäckigkeit meiner Begleiter mehr als dankbar. Denn heute hat die Wortpraline »Freiheit« für mich eine ganz andere Füllung als noch vor einigen Jahren.

In einem Zitat von Nelson Mandela heißt es: »Wenn wir von unserer eigenen Angst befreit sind, befreit unsere Gegenwart automatisch andere.« Ist das ein siegreicher Gedanke? Schreibe dir diesen Satz auf ein Post-it und hänge dir diese transformierende Aussage an einen strategisch guten Platz.

»Wenn wir von unserer eigenen Angst befreit sind, befreit unsere Gegenwart automatisch andere.« Wow, mir gefällt dieser selbstermächtigende Gedanke. Geben wir dem Ego kollektiv einen Platzverweis und sprechen in Liebe und Autorität zu den Bergen, die sich vor uns auftürmen, und lassen sie durch die Kraft des gesprochenen Wortes eben werden.

Zu dem Thema möchte ich an dieser Stelle eine weitere Geschichte mit dir teilen: Lange Zeit glaubte ich, dass finanzieller Wohlstand der Schlüssel für die allumfassende Freiheit sei; doch Gott lehrte mich etwas anderes. Ein lieber Freund sagte einmal zu mir: »Angela, weißt du, was das Gute daran ist, wenn man fünf Millionen Euro verloren hat?« Zu dieser Zeit, ich war Mitte dreißig, konnte ich nichts Gutes daran erkennen und sah ihn einfach nur fragend an. So fuhr er, nach einer rhetorischen Pause, fort: »Du kannst fünf Millionen Euro nur dann verlieren, wenn du sie schon einmal besessen hast.« Macht Sinn, dachte ich damals. Und noch schöner ist es, wenn man sich in der einen wie in der anderen Situation frei fühlt, sage ich heute.

Gott ist ein Gott der Gnade und er wird alles tun, damit wir unser falsches Denken berichtigen, das uns das Ego so lange suggeriert hat. Wir werden genau die Herausforderungen in unserem Leben generieren, die einzig und allein diesem Zweck dienen.

Lass mich dich jetzt noch auf eine weitere Etappe auf der Zeitreise durch mein Leben einladen. Es gibt noch ein paar Stationen, an denen ich dich teilhaben lassen möchte.

Im Laufe des Erwachsenwerdens begann sich mein Leben immer mehr zum Positiven zu verändern. Mit knapp zwanzig Jahren lernte ich die Liebe meines Lebens kennen, bekam zwei wundervolle Töchter und begann das Leben zu führen, das ich mir als junges Mädchen so sehr gewünscht hatte: ein Leben geprägt von guten Beziehungen. Viele Hundert Kilometer von meinem Geburtsort und meiner Ursprungsfamilie entfernt, starteten wir ein idyllisches Familienleben zu viert. Vor allem Matthias begann beruflich Fuß zu fassen, und das verbesserte auch unsere finanzielle Situation enorm. Der Abstand von unseren Familien tat uns sichtlich gut; half dieser Umstand uns doch dabei, aus alten Mustern auszusteigen. Schon nach kurzer Zeit bekleidete Matthias eine Position, von der er nie zu träumen gewagt hätte. Er schien am richtigen Platz zu sein, genau wie ich, die den direkten Weg in die Selbstständigkeit wagte. Einige Jahre führte ich sehr erfolgreich ein Kosmetikinstitut mit zwei Mitarbeiterinnen. Der Preis, den ich zahlte, war ein ständiger Spagat in dem Versuch, eine gute Mutter und gleichzeitig eine erfolgreiche Unternehmerin zu sein.

Da ich, wie der Feigenbaum, noch einige mir nicht bewusste faule Wurzeln in mir trug, übertrieb ich es mit meinem Erfolgsanspruch an mich und manövrierte mich in einen Burn-out. Dieser Totalausfall zwang mich zur Aufgabe meines Unternehmens und nahm mir die Entscheidung ab, mich erst einmal mit Freude und Hingabe auf die Aufgabe als Mutter, Ehe- und Hausfrau zu konzentrieren.

Matthias erhielt währenddessen nach und nach immer lukrativere Angebote, die ihn quer durch den deutschsprachigen Raum führten. Das wirkte sich auf unseren finanziellen Spielraum exorbitant gut aus, und eine intensive Welle der Entspannung und Harmonie zog sich durch unser Leben. Es gab für den Moment keinen ersichtlichen Grund meinerseits, ins Berufsleben zurückzukehren. Vielmehr genoss ich die Freiheit und die Zeit, die ich meiner Familie widmen konnte. Eine gute Seele versorgte Haus und Garten, sodass ich in jeder Beziehung die angenehmen Seiten des Lebens genoss.

Inspiriert durch eine liebe Freundin, begann ich Bücher zu lesen, die meiner persönlichen und spirituellen Entwicklung mehr als dienlich waren. Meine Sehnsucht aus Kindertagen war noch nicht gestillt, und es gab da ja auch noch den inneren Antreiber und Kritiker, der mir immer wieder zusetzte, indem er mich wissen ließ, dass ich noch immer ein »Niemand« sei. Die Sonnenseite des Lebens erforschend, ließ ich mithilfe von Cafébesuchen und Shoppingausflügen diese sich mir aufdrängende Stimme des Egos immer wieder verstummen.

Ich tauchte tief in die sich mir neu eröffnende Welt ein und war für eine gewisse Zeit einfach nur glücklich mit dem Leben, so wie es sich vor mir entfaltete. Die Stimme des Egos lässt sich jedoch nicht einfach so »deckeln«. Still und (un)heimlich lauerte es im Verborgenen und bereitete sich auf seinen großen Auftritt vor.

Dieser hatte seine Premierenvorstellung im Spätsommer 1999. Ganz schleichend und subtil; leise und doch mit einem nachhaltigen Echo. Noch heute scheint mir in manchen Augenblicken das, was dann geschah, so unglaublich, dass ich selbst davor erschrecke, wie gefährlich Gedanken sein können. Gott sei Dank ist es nicht nötig, dass ich dich mit all den niederschmetternden Details versorge, die diese Geschichte in ihrer Gänze mit sich brachte. Weder mir noch dir würde es gute Gefühle bereiten. Es reicht, wenn ich mich auf das konzentriere, was dem Ziel, dass du wahre Freiheit in deinem Leben erfährst, dienlich ist.

Wir führten also ein sorgenfreies Leben: Vater, Mutter, zwei Kinder und ein zum Dauerknuddeln verführender Hund. Großartige Freunde und ein angenehmes Umfeld rundeten das Idyll ab. Alles schien perfekt. Dann, im schon erwähnten Spätsommer 1999, kam Matthias nach einer erfolgreichen Woche an einem Freitagabend nach Hause und verkündete:»Schatz, ich habe das Angebot meines Lebens erhalten.« Als Freiberufler wurde er zu dieser Zeit von einer Unternehmensberatung in hochkarätige Projekte vermittelt. Mir war nicht entgangen, dass Matthias und einer der Geschäftsführer der Agentur auf einer Welle schwammen und sie sich mit dem Gedanken einer gemeinsamen neuen Geschäftsidee trugen. Allerdings war mir in meinem Idyll irgendwie entgangen, wie weit ausgereift die ganze Sache schon war. Ich fühlte mich dort, wo wir lebten, mehr als wohl. Unsere Kinder partizipierten davon, dass ich mich angekommen und einer Gemeinschaft zugehörig fühlte. Unser Freundeskreis war zu einer Art Familie für uns geworden. Meine Zeit erlaubte es mir, mich in der Gemeinde zu engagieren, so wie ich es schon als Jugendliche getan hatte. Nachdem der Burn-out, den ich durchlebt hatte, für einigen Sturm in unserem Leben gesorgt hatte, genossen wir den Frieden in unserem Dasein in allen Zügen. Als Matthias mir an diesem Freitag deshalb weiter offenbarte, dass es für die gemeinsame Geschäftsidee unabdingbar sei, in eine andere Stadt beziehungsweise in ein anderes Bundesland zu ziehen, hielt ich ihn für verrückt. Rigoros verneinte ich seinen Wunsch – wohlwissend, dass seine Karriere davon abhing. Mir lag es fern, noch einmal in einer fremden Umgebung neu anzufangen; auch wollte ich diese Erfahrung unseren Töchtern ersparen.

Doch das Ego weiß ganz genau, wie es uns aus der Reserve locken kann. In meinem Fall mit etwas Geduld und den Worten:

»Eine gute Frau stärkt ihrem Mann immer den Rücken.« Und: »Uns erwartet ein Leben in wachsendem Wohlstand und gesellschaftlicher Anerkennung.« Wankte ich zunächst ein wenig in meiner Standfestigkeit, schwankte ich schon bald wie eine Pappel im Wind; und fiel schließlich um!

Während meiner Zeit als erfolgreiche Unternehmerin war ich in meinen Augen meiner Aufgabe als Mutter nicht wirklich ausreichend nachgekommen. Mir das zu verzeihen war mir zu diesem Zeitpunkt noch nicht gelungen. Jetzt, in meiner Rolle als Ehefrau, sollte mir dieses Scheitern erspart bleiben. Obwohl sich alles in mir wehrte, sagte ich also Ja. Ich sagte »Ja«, obwohl meine inneren Glocken auf Alarm gestellt waren und jede Zelle meines Körpers »Nein« schrie. Das Ego siegt immer dann, wenn wir Entscheidungen aus der Angst heraus fällen. Und ich hatte Angst, vor allem die Angst, eine falsche Entscheidung zu treffen. Welch ein Paradox. Seit frühester Kindheit an die Angst gebunden, hatte ich mich mit meinem inneren Gefängnis unbewusst arrangiert.

Wir trafen in der darauffolgenden Zeit noch eine ganze Reihe von »falschen« Entscheidungen. Viel schlimmer, wir begannen, für den Erfolg unsere Werte zu verraten. Das neue Jahrtausend brach an, und jeder trug einen Hoffnungsfunken in sich, dass sich die eigene und die Welt im Außen zum Besseren verändern würde. In der spirituellen Szene gab es keinen Halt mehr, was Versprechungen und Verheißungen anging. Und auch in der konservativen Wirtschaftswelt war eine außergewöhnliche Aufbruchsstimmung spürbar. Der sogenannte »Neue Markt« verhieß die schnelle Mark und den ganz großen Erfolg. Zahlreiche Börsengänge und AG-Gründungen sowie Neu-Firmengründungen mithilfe von Adventure-Capital wurden verzeichnet – und wir mit einem aufstrebenden IT-Unternehmen mittendrin.

Ideen flossen in dieser Zeit reichlich von allen Seiten auf den Markt, und Investoren im In- und Ausland gab es genug. Die Idee, die Matthias mit seinen Geschäftspartnern verband, war so innovativ, dass schon in der Entwicklungsphase eine Patentanmeldung im Gespräch war. Gerade angemietete Geschäftsräume wurden schnell zu klein, und der Mitarbeiterstamm vergrößerte sich zusehends. Geld begann keine Rolle mehr zu spielen, und wie heißt es so schön: Geld verstärkt den Charakter!

»An ihren Früchten werdet ihr sie erkennen und sie sich auch.«

Die Idee, die den aufstrebenden Unternehmern geschenkt worden war, wäre ein Geschenk für die Welt gewesen. Es ging darum, ein Netzwerk entstehen zu lassen mit vielen Beschäftigten weltweit, und das auf der Basis von Homeoffice-Arbeitsplätzen. Programmierer und Entwickler aus aller Welt hätten an einem Projekt arbeiten können, ohne ihre Familien verlassen zu müssen. Was für ein Geschenk, das Matthias und das Team um ihn herum der Welt bringen sollten. Alles miteinander verbinden, und das im Sinne des Ganzen. Sowohl spirituell, zwischenmenschlich als auch monetär. Ein wirklich großer Beitrag für eine bessere Welt.

Ja, ursprünglich schien der Weg ganz klar für alle Beteiligten in Richtung Freiheit zu gehen; doch dann glitt das ganze Projekt Zentimeter für Zentimeter vom Weg ab.

Am Wegesrand lauerte das Ego und nahm uns freudig in Empfang. Irgendwann, nein, in Wahrheit sehr schnell, gab es nur noch ein Ziel: in Überschallgeschwindigkeit an die Börse und das ganz große Geld machen. Die einstigen Ideale wurden zu Ballast, eingetauscht gegen ein gewinnorientiertes Denken und Handeln. Mit von Gier getrübtem Verstand folgte eine Fehlentscheidung auf die nächste; bis der Teufel in Form eines unlauteren Investors aus Uruguay das letzte Kapitel dieser unsäglichen Geschichte einläutete. Im Sommer 2001 fiel der Vorhang für das so hoffnungsvoll gestartete Projekt. Was blieb, waren Enttäuschung, Machtspiele, ein unerbittlicher Kampf um Gerechtigkeit und verletzende Schuldzuweisungen. Wir gingen mit Pauken und Trompeten in Konkurs. Und standen von Stund an einem erdrückenden Schuldenberg gegenüber.

Was um alles in der Welt war passiert? Hatte Gott sich einen Spaß mit uns erlaubt? Pflanzte erst so eine großartige Vision in unsere Herzen und ließ uns dann auflaufen? Ganz und gar nicht. Er erwies uns die Gnade, uns unserer faulen Wurzeln bewusst zu werden. Diese mehr als schmerzhafte Erfahrung konfrontierte uns mit dem noch in uns herrschenden Mangel. Wir wurden direkt in unsere Kindheit katapultiert, mit all ihren Sehnsüchten und Träumen, die wir tief im Herzen trugen. Sehnsüchte und Träume, die wir teilweise auch mit unseren Eltern teilten. Ganz egal, auf welche Familienseite wir schauten, auf einen Nenner gebracht verband sie beide, dass sie ihre großen Träume nicht verwirklicht hatten. Wir waren jetzt scheinbar so kurz davor gewesen, doch um welchen Preis?

Ein Denkanstoß, den mir meine ersten Lehrer in herausfordernden Momenten gaben, lautet: »Wenn die Angst das Ruder deines Lebens übernimmt, halte inne und stell dir die Frage: Was ist das Schlimmste, was dir in dieser Situation passieren kann? Wenn du Angst hast, eine Entscheidung zu treffen, erlaube der Angst, da zu sein. Heiße sie willkommen und reflektiere: Was ist das Schlimmste, was dir in dieser Situation passieren kann?«

Was war für uns in dieser Situation nun das Schlimmste? Die Firma war in Konkurs gegangen, das war ein Fakt. Wir hatten alles verloren und liefen gerade Gefahr, mangels privatem Auskommen unter der Brücke zu landen. Doch würden wir daran sterben? Nein. Das Wichtigste würde bleiben: die Liebe! Ich erinnere mich noch, dass wir uns diese Frage gemeinsam stellten – tief durchatmeten und uns einfach durch das Gefühl und die vielen verschiedenen Ebenen der Angst durchfallen ließen. Ein sehr tränenreicher und befreiender Prozess, der alles an die Oberfläche spülte, was uns von unserer wahren Identität entfernt hielt.

Ein Gefühl von tiefem Frieden und Liebe durchflutete augenblicklich unsere Körper, als wir durch die Angst hindurchgegangen waren. In diesem Moment verwirklichte sich Gottes Wille, und sein Wille ist machtvoll. Wir sprachen zum Berg, und der Berg wurde eben. Wir hatten dem Feind und damit der Angst in die Augen gesehen. Wir hatten sie willkommen geheißen, angenommen und konnten sie so einfach durch uns hindurchziehen lassen. Nur so konnte sich das zeigen, was unter all den Schichten von Angst und Selbstzweifeln lag – tiefer innerer Frieden.

Wir können nie tiefer fallen als in Gottes Hände. Dessen sollten wir uns immer bewusst sein. Wir standen vor dem wirtschaftlichen Aus. Doch das Geschenk darin war die unendliche Fülle der Liebe. Matthias und ich sind uns heute noch einig, dass dieses Erlebnis eines der schlimmsten und gleichzeitig segensreichsten war, die wir je erfahren haben.

Eine befreundete und begnadete Kartenlegerin gab uns in dieser Zeit einen Satz an die Hand, den wir heute noch wie ein Mantra in uns tragen: »Tu alles, was du tust und sagst, immer reinen Herzens.« Denn natürlich gab es jede Menge Gläubiger, die ihren Anspruch geltend machten. Wir machten uns nichts vor. Ein so heftiger wirtschaftlicher Absturz, wie wir ihn erlebt hatten, hatte natürlich auch nachhaltige Folgen. Doch wir wussten, dass wir das gemeinsam meistern würden. Uns wurde die Gnade zuteil, dass, wenn alles wegbricht, die Liebe der wirkliche Reichtum ist, der uns zu den glücklichsten Menschen macht.

Wenn wir lernen, uns auf die Liebe zu fokussieren, und auf dieser Grundlage reinen Herzens handeln, kann uns in Wahrheit nichts passieren.

In Jesaja 61,1-2 finden wir: »Der Geist Gottes, des Herrn, ist auf mir, weil der Herr mich gesalbt hat. Er hat mich gesandt, den Elenden gute Botschaft zu bringen, die zerbrochenen Herzen zu verbinden, zu verkündigen den Gefangenen die Freiheit, den Gebundenen, dass sie frei und ledig sein sollen: zu verkünden ein gnädiges Jahr des Herrn und einen Tag der Vergeltung unseres Gottes, zu trösten alle Trauernden.«

Schönheit statt Asche. Solange wir noch in der Angst, zu versagen oder nicht gut genug zu sein, gebunden sind, können wir nicht wirklich frei sein. Denn das zugrunde liegende Gefühl der Angst wird unsere Überzeugungen und unsere Sicht auf die Dinge des Lebens bestimmen.

»Unsere Gedanken sind Bilder, die wir uns selbst machen«, sagt der *Kurs*. Diese Bilder und die damit verbundenen Gefühle sind die Grundlage für den Film, den wir von innen heraus in die uns umgebende Matrix projizieren. Wahre Freiheit kann uns somit niemals allein im Außen gegeben werden. Alles, was uns im Außen gegeben wird, kann uns auch wieder genommen werden.

Ganz egal, in welcher Situation du dich gerade befindest, welchem Berg du dich gegenübersiehst: Sprich zu ihm und erkläre, dass er eben werde. Wenn du das mit allem Vertrauen in Gott tust, werden sich Türen vor dir öffnen, an die du im Traum nicht gedacht hast. Türen voller Lösungen und neuer Möglichkeiten.

Denke immer daran, dass du es verdient hast, frei von destruktiven Gedanken und Verhaltensmustern zu sein. Du hast es verdient, frei von seelischem Schmerz zu sein. Vertraue, dass Gott sich um dich kümmert – wenn du dich an ihn wendest.

Er befreit dich von dem Gefühl, versagt oder gesündigt zu haben. Die Bibel lehrt uns, dass Jesus kam, um uns zu heilen. Dabei spielt es keine Rolle, ob unsere Verletzung physischer oder seelischer Natur ist. »Er kam, um uns Schönheit statt Asche zu bringen; Freudenöl statt Trauerkleid. Lobgesang statt eines betrübten Geistes ...« (Jesaja 61,3).

Wir leben in einer Welt voller Menschen, die aus vielerlei Gründen seelisch leiden. Sie leiden, weil sie Ablehnung erfahren haben, verlassen oder enttäuscht wurden und/oder auf die verschiedenste Art und Weise Verletzungen oder Missbrauch erfahren haben.

Triff heute die Entscheidung für dich und steige mit Gottes Hilfe aus diesem Gefängnis aus. Fordere deine Freiheit ein. Niemand kann sie dir geben. Doch mit der Hilfe Gottes kannst du sie dir nehmen und den Wächter deines inneren Gefängnisses, das Ego, in die Wüste schicken.

Aus eigener Erfahrung möchte ich dir noch einen wichtigen Tipp geben: Lege Gott auf diesem Weg keine fertigen Rezepte vor, wie sich die Lösung deiner momentanen Situation zeigen sollte. Erkläre, was du willst, und überlasse die Lösung ihm. Und ich verspreche dir, seine Lösung wird sich immer als großartiger und segensreicher zeigen, als du es dir jetzt vorstellen kannst.

Auf den Punkt gebracht

Auf die Aussage hin, dass Liebe und Freiheit Entscheidungen sind, die nur wir allein treffen können – und das in jedem Moment –, sagt ein lieber Freund von mir gerne flapsig: »Und wieder fünf Euro fürs Phrasenschwein.« Bei dieser Bemerkung lächle ich in der Regel, da ich weiß, dass dieser Satz den Schlüssel für die Tür in ein unabhängiges Leben bedeutet und keineswegs eine Phrase ist. Dessen bin ich mir sicher, da ich es jeden

Tag aufs Neue erleben darf. Ich ganz allein entscheide, ob ich mich frei oder gefangen fühle.

Aus diesem Grund berührt mich auch die Geschichte von Nelson Mandela so sehr. Er soll gesagt haben, dass er sich nie freier gefühlt hat als in der kleinen, nur wenige Quadratmeter umfassenden Gefängniszelle, in der er Jahre seines Lebens verbracht hat.

Viele Menschen sitzen in einem inneren Gefängnis, das keine sichtbaren Mauern hat, und doch ist ihre Zelle oftmals so klein, dass sie sich darin kaum bewegen können. Aus diesem inneren Gefängnis, von dem hier die Rede ist, kann uns niemand befreien außer wir selbst. Wir haben dem Ego-Teufel erlaubt, dass er uns dieses Gefängnis baut, und mithilfe des Glaubens an die Liebe können wir die Mauern Stein für Stein wieder abtragen.

Vorausgesetzt, wir lösen uns von der fixen Idee, dass wir das, was wir leben wollen, erst im Außen erfahren müssen. Wahre Freiheit beginnt immer in unserem Inneren. Dazu ist es fast essenziell, dass wir ein kleines Wörtchen aus unserem Wortschatz ein für alle Mal streichen: aber! Wer von uns hat nicht schon Sätze wie diese gesagt oder von anderen gehört: Gerne würde ich mich für Freiheit entscheiden ... *aber* meine Lebensumstände sind einfach nicht dementsprechend.

Oh ja, das klingt wunderbar, ab jetzt in allem die Liebe zu sehen ... *aber* wenn du meinen Chef kennen würdest, würdest du auch an deine Grenzen kommen.

Dieses Buch/Seminar/Coaching würde meiner persönlichen und spirituellen Entwicklung mit Sicherheit sehr guttun ... *aber* meine Schulden und die damit verbundenen Pflichten lassen mir keinen Spielraum für solche Extras.

Sehr gerne würde ich mich anders ernähren, das kannst du mir glauben ... *aber* ich muss für meine Familie das kochen, was sie wollen, und da ist das eben nicht so einfach.

Sport treiben, ja, das wäre für meine Gesundheit mehr als förderlich ... *aber* die Zeit habe ich einfach nicht.

Ich würde ja gerne einen neuen Weg gehen ... *aber* mein Partner ist einfach so stur.

Ich habe das alles auch nicht so gewollt ... *aber* das Schicksal hat es eben nicht so gut mit mir gemeint.

Wenn ich wollte, wie ich könnte, dann würde ich ja ... *aber* das Leben ist schließlich kein Wunschkonzert.

Durch das kleine Wörtchen »aber« werden wir zu einem Schöpfer von Gegenbeispielen par excellence. Als wollten wir mit Fleiß beweisen, dass irgendetwas für uns nicht funktioniert. Das Wörtchen »aber« eliminiert nicht nur jeden positiven Ansatz, es lässt uns unsere gesamte Energie auf das lenken, was wir in Wahrheit gerne verändert wüssten. Es ist, als würden wir uns schon im Vorfeld für das entschuldigen wollen, was wir durch unsere scheinbare Unzulänglichkeit nicht hinbekommen. Das klingt in deinen Ohren jetzt vielleicht wenig empathisch und ein bisschen ignorant. Doch wir müssen an dieser Stelle Klartext reden, damit wir uns aus der Abwärtsspirale destruktiver Überzeugungen wirklich befreien können. Denn alles, was wir über uns und das Leben denken – denken wir eben nur! Gedanken und Überzeugungen werden uns nicht durch fremde Mächte eingegeben oder springen an der nächsten Ecke einfach in unser Hirn. Wir haben diesen Punkt schon an anderer Stelle erläutert: Gedanken sind einfach nur Gedanken, und ich allein entscheide, ob ich ihnen Glauben schenke und Raum gebe oder ob ich sie schlichtweg verpuffen lasse als das, was sie eben sind: Gedankenblasen!

Nichts im Außen wird uns dauerhaft ein erfülltes, freies und glückliches Leben ermöglichen. Kein Geld, kein Job, kein Traumpartner und schon gar nicht das Wunschgewicht auf der

Waage. Denn allein die Prämisse, dass ich etwas »brauche«, damit ich dieses oder jenes leben kann, führt mich in die Abhängigkeit, dass die Welt im Außen mir das Entsprechende auch präsentiert. Jedes Gefühl der Abhängigkeit nährt aber wiederum den Glauben an den Mangel, und damit legen wir die Macht über unser Leben in die Hände des Teufels. Und dieser hat nicht das geringste Interesse daran, uns in die Freiheit zu führen.

An dieser Stelle will ich gar nicht infrage stellen, dass du in deinem Leben gerade unüberwindbare Herausforderungen wie einen gigantischen Berg vor dir stehen siehst. Ganz und gar nicht. Das wäre anmaßend und läge mir mehr als fern. Allerdings geht es hier jetzt auch nicht um mich und um das, was ich denke. Sondern es geht darum, ob du bereit bist, eine neue Sichtweise in deinem Leben einzunehmen. Die Sichtweise von der Angst zur Liebe ... vom Opfer zum Sieger. Und du hast die göttliche DNA eines Siegers in jeder deiner Zellen verankert.

Erinnere dich an die gute Nachricht: Gott kann alles, was wir erfahren, gebrauchen und für uns zum Guten wenden. In jeder scheinbar noch so katastrophalen Situation wartet ein Geschenk darauf, gebor(g)en zu werden. Doch wir müssen ihm auch die Chance dazu geben. Jedes »Ja, aber« wirkt dabei so, als würden wir Gott zu uns hereinbitten, und kurz bevor er den Raum betreten kann, werfen wir ihm die Tür vor der Nase zu.

Die Aufforderung, dir deine Freiheit zurückzuholen, impliziert, dass du ab jetzt vertraust ... ohne Wenn und Aber! Aus diesem Grund bist du im zweiten Kapitel den Weg der Selbstvergebung gegangen. Es ging dabei darum, dir selbst den Glauben an die Ego-Gedanken der Vergangenheit zu verzeihen. Solange du noch an die Angst, zu versagen oder nicht gut genug zu sein, gebunden bist, bist du nicht frei. Dich von dieser Idee zu entbinden setzt voraus, dass du dich entscheidest, den Überzeugungen des Egos keine Bedeutung mehr zu schenken und stattdessen der Liebe zu erlauben, dir den Weg zu weisen.

Ja, ich weiß, das Wörtchen Entscheidung verwende ich hier gerade wie in einer Dauerschleife, doch genau das ist ja der Punkt: Entscheidungen formen unser Leben! Jede Entscheidung, die du triffst oder nicht triffst, formt dein Leben. Du hast richtig gelesen, auch eine nicht getroffene Entscheidung ist eine Entscheidung.

Vielleicht geht es dir wie vielen Menschen, und es war dir bis zu diesem Punkt lediglich möglich, die bisher beschriebenen Prozesse rein intellektuell zu erfahren. Das ist vollkommen in Ordnung, doch damit hat alles fürs Erste nur in deinem Kopf stattgefunden. Jetzt ist es an der Zeit, den Verstand mit dem Herzen verschmelzen zu lassen und dich vertrauensvoll in die Hände Gottes zu begeben.

Welchem Berg du dich auch gegenübersiehst, sprich zu ihm und erkläre, dass er eben werde. Die Art des Berges spielt für die Liebe keine Rolle. Doch wenn die Aufforderung, dass der Berg eben werden soll, »nur« in deinem Kopf stattfindet und dein Gefühl im selben Moment »Ja, aber« brüllt, dann weißt du mittlerweile, wer gewinnt. Ganz genau, das Gefühl! Bist du bereit, das zu ändern? Dann los ...

MIR BEWUSST SEIN

Diese Übung hilft dir, damit die Aussage, dass Liebe und Freiheit eine Entscheidung sind, für dich keine Phrase bleibt, sondern zu der Art und Weise wird, wie du ab jetzt im Leben stehst.

Was genau bedeutet Freiheit für dich?

. . . .

. . . .

. . . .

Wie fühlt sich wahre Freiheit in dir an? Wenn dir die Beant-
wortung schwerfällt, da deine momentane Situation mehr als
verfahren scheint, erinnere dich an einen Moment in deinem
Leben, wo du dich wirklich frei gefühlt hast. Tauche ganz in
diesen Moment ein und erlebe ihn noch einmal mit all deinen
Sinnen. Vertraue, dass es diesen Moment in deinem Leben
gegeben hat; denn du kannst nur etwas vermissen, was du
schon einmal erfahren hast.

. . . .

. . . .

. . . .

Wo genau am oder im Körper spürst du das Gefühl der Freiheit?

. . . .

. . . .

. . . .

Was genau ist alles möglich für dich, wenn du Freiheit lebst? Was verändert sich in deinem Leben, wenn du aus der Freiheit heraus dein Leben gestaltest?

....

....

....

....

....

Welchen scheinbaren Tod müsstest du sterben, damit Freiheit in deiner Welt lebbar ist? Was meinst du, aufgeben/loslassen zu müssen?

....

....

....

....

....

Ich danke der Liebe, dass sie mich allzeit führt
und dass ich mit ihrer Kraft über alle Schwierigkeiten in
meinem Leben erhaben bin. Kein Mensch und kein
Umstand vermag mich ab jetzt auf meinem Weg der Liebe
zu erschüttern. Ich öffne mich der Gewissheit, dass Gottes
großartiger Plan für mich sich beschleunigen wird, da ich
ab jetzt vertraue. Hiermit erkläre ich mit Gottes Hilfe,
dass die Berge, die sich mir vermeintlich in den Weg stellen,
eben werden. In großer Freude ob der Geschenke,
die sich mir in jeder Situation offenbaren.
Amen.

❧

Ich weiß, dass Liebe, Freiheit und Erfolg für mich
in Gottes gütigem Plan vorgesehen sind als die Art, wie
ich ab jetzt im Leben stehe.

4
Loslassen, was dich verletzt!

Ihr aber, liebe Brüder, seid zur Freiheit berufen!
Allein sehet zu, dass ihr durch die Freiheit dem Fleisch nicht Raum
gebet; sondern durch die Liebe diene einer dem anderen.

PSALM 5, 9

»Die Vergangenheit ist die Vergangenheit! Sie ist in Wahrheit nicht real, sondern lediglich ein Konstrukt in unserem Bewusstsein.« Halleluja! Welch eine Sicht der Dinge. Diese Aussage hat schon immer sehr viel in mir ausgelöst. Je nach Situation konnte sie in mir positive wie auch negative Gefühle wecken.

Sicherlich hast du diese Worte ebenfalls schon des Öfteren gelesen; oder dass es nur das »Jetzt« gibt und in Wahrheit Vergangenheit und Zukunft gar nicht existieren. Doch ist das wirklich so? Was ist dann mit der Verletzung von gestern? Dem Betrug oder Missbrauch von vor zwei Jahren? Dem Streit und den großen und kleinen Katastrophen der letzten Tage? Alles nicht wahr? Haben sich diese Dinge alle nur in meinem Kopf abgespielt? Sicherlich nicht. Verletzungen, die wir in der Vergangenheit erlebt haben und denen wir uns in diesem Kapitel widmen, sind ein sehr komplexes Thema. Doch wir sollten uns der

Herausforderung mit Freude stellen. Denn in Wahrheit handelt es sich auch hier lediglich um eine Entscheidung von unserer Seite. Klingt auch wieder abgedroschen ... oder? Ganz egal, wie du dich beim Lesen dieser Zeilen jetzt fühlst und was für Gedanken du jetzt hegst: Vertraue mir, ich kenne so gut wie alle diese Gedanken. Das ist mit ein Grund, weshalb ich dich von Kapitel zu Kapitel an der Geschichte teilhaben lasse, die mein bisheriges Leben bestimmt hat. Nicht um mich dessen zu rühmen oder damit gar zu profilieren, sondern mit dem Wunsch, dich zu ermutigen, deinen Weg in die Freiheit zu gehen. Und so wie angekündigt, werde ich auf eine gewisse Art und Weise schonungslos ehrlich sein mit dir. Du bist es mir wert, denn du teilst mit mir diese meine Welt, in der wir beide gemeinsam leben. Dein Leben hat Einfluss auf meines und umgekehrt.

Die Dinge sind in Wahrheit so einfach ... nur dass sie eben in Wahrheit oft gar nicht so einfach sind. Denn in der Regel haben wir durch unser Umfeld und unsere Herkunftsfamilie eine andere Sicht auf das Leben gelernt. Doch jeder Einzelne von uns ist befähigt, diese Prägung in seinem Zellbewusstsein zu verändern. Es bedarf einer einzigen mutigen Entscheidung, und du kannst dein Modell von der Welt komplett umgestalten. In einem Moment.

Vorausgesetzt, du bist wahrhaft bereit, endlich loszulassen, was dich verletzt hat. Da du meinen Worten bis hierher gefolgt bist, gehe ich davon aus, dass du bereit bist. Großartig! Denn damit bringst du nicht nur in dieses, sondern auch in das Leben der folgenden Generationen unumstößlichen Segen und Heilung. Du ebnest durch deine Bereitschaft loszulassen quasi den Weg für diejenigen, die nach dir kommen, und machst es ihnen ein bisschen leichter.

Ist das nicht ein verheißungsvoller Gedanke, dass du – jedes Mal, wenn du dich belastende Dinge loslässt, wenn du den Menschen in deiner Welt in der Haltung von »Ich achte mich und ich achte dich« begegnest, wenn du gütig und respektvoll dir und anderen gegenüber bist, wenn du es dir erlaubst, dir und anderen zu verzeihen – deinen Kindern oder Enkeln oder irgendjemand anderem aus deiner Familie und dessen Nachkommen ein Geschenk machst? Ein Geschenk, das ihr Leben maßgeblich positiv beeinflussen wird. Lässt du die Gnade der Liebe, die Gnade Gottes durch dich wirken, zieht sie sich wie ein roter Faden durch dein Leben und weit darüber hinaus.

Was also hindert uns denn noch daran, uns von diversen schmerzhaften Erinnerungen ein für alle Mal loszusagen und wahrlich frei zu sein? Was lässt uns an längst vergangenen Erlebnissen emotional festhalten oder vor lauter Zukunftssorgen in eine Art Schockstarre verfallen?

Der Punkt ist, dass die von mir erwähnte Theorie, dass es nur das »Jetzt« gibt, auf der Bedeutungsebene bei dem ein oder anderen unter uns enormen emotionalen Stress auslösen kann. Denn oftmals sind der Schmerz und der Kummer aus vergangenen Erlebnissen oder die Sorge um die Zukunft so präsent, dass wir Gefahr laufen, davon ganz vereinnahmt zu werden. Vielleicht bist du gerade in einer wirtschaftlichen Notsituation oder stehst vor dem privaten Aus. Mit Sicherheit wirst du dann in deinen wenigen ruhigen Momenten ein Kopfkino erleben, das dich jedes Mal in eine Achterbahn der Gefühle versetzt. Wenn sich dann in deinem Körper die oftmals damit verbundenen, vernichtenden Gefühle zeigen, kann sich das mehr als real anfühlen. Was also tun? Einfach loslassen? Wenn das so einfach wäre, würde es doch jeder machen ... stimmt's?

Lange Zeit ging es mir so, wenn ich an meinen früh verstorbenen Vater dachte. Es reichte ein Gedanke, der zu einem Bild in meinem Kopf führte, dem ich meine ungeteilte Aufmerksamkeit schenkte, und schwuppdiwupp überkamen mich längst überwunden geglaubte Gefühle, so als wäre alles eben erst geschehen. Gerne hätte ich dieses Szenario aus meinem Kopf genommen und wie einen alten verbrauchten Gegenstand einfach weggeworfen.

Genauso kann ich mich daran erinnern, dass in mir als Kind, wenn ich auch nur an einen Termin beim Zahnarzt dachte, ein Gefühl von Panik und Ohnmacht hochstieg. Was hätte ich darum gegeben zu wissen, wie das mit dem Loslassen funktioniert.

Kennst du ähnliche Szenarien aus deiner Historie? Also, ich halte meinen Arm gerade wiederholt ganz weit nach oben, da mir jetzt endlos viele Geschichten dazu einfallen würden.

Letzten Endes ist es doch so, dass jede gut klingende Theorie in der Regel eine große Frage birgt:»Lässt sich die Essenz dieser Theorie auch für mich verwirklichen?« In der einschlägigen Literatur habe ich folgende Definition dazu entdeckt:»Eine Theorie ist eine Form, Probleme gedanklich – ohne Einbeziehung der Praxis – in Lösung zu bringen.« Es ist von daher absolut menschlich, wenn der innere Zweifler sich da zu Wort meldet. Erinnern wir uns an dieser Stelle noch einmal an die Aussage aus *Ein Kurs in Wundern* im ersten Kapitel:»Des Egos Heilsplan dreht sich darum, Groll zu hegen.«

Die Wurzeln der Unversöhnlichkeit sind in dem verwoben, was der *Kurs* als Ego bezeichnet. Das Ego im Sinne des *Kurses* ist alles, was fern der Liebe ist: Groll, Neid, Angst, Zweifel, Missgunst, Sorge.

Lass uns Groll einmal stellvertretend für alle Gefühle rund um das Ego anschauen. Dann ist es dieser Groll, der es uns manchmal so schwer macht, das loszulassen, was uns nicht glücklich macht. Groll gegen schmerzhafte Gedanken, diverse Menschen, gegen katastrophale Situationen, Groll gegen uns selbst ... vielleicht aufgrund scheinbar verpasster Chancen und Möglichkeiten und so weiter und so fort. Wir sind unversöhnlich, weil wir nicht der »Dumme« sein wollen, der immer nachgibt. Ich kann mich sehr gut daran erinnern, mit welchem Unverständnis ich der Welt gegenübergetreten bin, als mir gesagt wurde, dass ich mit dem Missbrauch, den ich als junge Frau erlebt hatte, in Frieden kommen müsse. Dass, wenn ich wirklich auf allen Ebenen gesunden wollte, ich mich mit dieser Erfahrung versöhnen müsse. Loslassen, was mich so sehr verletzt hat. Es ging mir viele Jahre nicht in den Kopf, wie »man« erwarten konnte, dass ich diesen widerwärtig handelnden Männern verzeihen sollte. Ich, das Opfer, und diese Männer, die Täter. Ich war unversöhnlich bis unter die Hutschnur, aus Angst, dass ich mich selbst verraten würde, mich in Luft auflösen würde, wenn dieses Damoklesschwert nicht mehr über mir schweben würde. Doch genau dieses Schwert war es, das mich von Gott trennte und damit von der Lösung. Welch ein Paradox.

Der *Kurs* beschreibt es in der Lektion 79 allumfassend. Danach gibt es in Wahrheit nicht die vielen einzelnen Probleme, die wir Menschen so gerne gelöst hätten. Es heißt: »Ein jeder scheint in dieser Welt seine eigenen besonderen Probleme zu haben. Dabei sind alle gleich und müssen als ein Problem begriffen werden, wenn die eine Lösung, die sie alle löst, angenommen werden soll. Wer kann sehen, dass ein Problem gelöst ist, wenn er meint, das Problem sei ein anderer?«

Tatsächlich haben wir nur ein Problem: den Glauben an die Trennung von Gott. Es zeigt sich uns in den verschiedensten Facetten. Einmal vielleicht als das Problem, nicht genug Anerkennung zu erhalten oder unter ständigem Geldmangel zu leiden; ein andermal als das Problem, scheinbar nicht den richtigen Partner zu finden. Und kollektiv könnten wir glauben, dass

Trump und Co. das Problem dieser Welt sind. Doch in Wahrheit besteht unser Problem einzig und allein darin, dass wir meinen, diese Dinge allein lösen zu müssen. Dass wir nicht darauf vertrauen, dass sie sich lösen, sobald wir sie Gott in die Hände legen. Das hört sich dann vielleicht so an:»Als wenn Gott jetzt meine Probleme im Job lösen könnte!« Ja, kann er. Wenn wir lernen, ihm zu vertrauen, dann führt er uns zu Türen und damit verbundenen Möglichkeiten, die jenseits unserer Vorstellung liegen.

Wir haben in jeder Sekunde unseres Lebens die Wahl, die Dinge des Lebens aus der Perspektive des Egos oder aus der Sicht der Liebe zu sehen. Und genau das macht Lektion 79 so herausfordernd. Sie ist eine meiner Lieblingslektionen und passt kongenial zur essenziellen Tugend des Loslassens: Lass mich das Problem erkennen, damit es gelöst werden kann.

Lege dein Problem in Gottes Hände und erlaube, dass es gelöst ist. Solange wir jedoch den Glauben an die Trennung aufrechterhalten, wird diese Einladung zu einer scheinbar unüberwindlichen Herausforderung. Wir hegen dann vielleicht tatsächlich den Wunsch oder den Gedanken:»Okay, ich lege jetzt mein Problem in die Hände Gottes.« Doch schon das nächste Gespräch mit einem Gleichgesinnten oder irgendein anderer Trigger, sei es ein Lied oder ein Film, der altes Gedankengut wieder aufsteigen lässt, und wumms ... sind wir wieder mittendrin im alten Gefühlsdrama.

Vielleicht kennst du folgende Aussage:»Meinst du, ich will mich so schlecht fühlen? Du hast gut reden, wenn ich könnte, würde ich diese Gefühle sofort abschalten. Ausgesucht habe ich mir das mit Sicherheit nicht.«

Die Frage ist, wer hat sie dann ausgesucht? Wer in Gottes Namen ist verantwortlich für das, was ich fühle? Woran liegt es, dass mich ein Gefühl wie aus dem Nichts einfach so überkommt? Und was ist, wenn tatsächlich ich allein dafür die Verantwortung trage, wie ich mich gerade fühle? Wenn niemand anders das, was ich fühle, ändern kann, nur ich selbst?

Gefühle sind keine Viren oder kleinen Teufelchen, die sich hinter der nächsten Hausecke verstecken und nur darauf warten, dir in einem unbedachten Moment in den Nacken zu springen. Wir wählen sie tatsächlich selbst. Wie wir das machen?

> Wir halten an einem aufsteigenden Gedanken fest.
> Wir erzählen uns eine Geschichte zu diesem Gedanken.
> Wir tauchen in die Geschichte rund um diesen Gedanken ein, und es entsteht in uns das dazu entsprechende Gefühl.

Dieser Prozess, den unser Ego so sehr liebt, kann in Sekundenschnelle vonstattengehen. Im Laufe unseres Lebens werden wir zu wahren Großmeistern in dieser Disziplin.

Es scheint, als wären wir uns oft gar nicht darüber im Klaren, in welchem Ausmaß wir in Wahrheit Einfluss auf diese Welt nehmen. Dass alles, was wir tun oder nicht tun, was wir denken und fühlen, einen Einfluss auf die Art hat, wie sich uns die Welt präsentiert.

Mir begegnen bei meiner täglichen Arbeit ständig Menschen, die gerne alle Probleme dieser Welt allein und wenn möglich auf einmal lösen würden. Die dabei jedoch überhaupt keinen Zusammenhang zu ihrer Lebenssituation sehen. Nicht selten verfallen diese Helfersyndrom-Kandidaten in pure Verzweiflung oder depressive Verstimmungen, weil sie an diesem Unterfangen aus menschlicher Sicht natürlicherweise scheitern müssen. Der geflügelte Satz »Kehre erst einmal vor deiner eigenen Haustür« enthält in diesem Zusammenhang sehr viel Wahres. Ich glaube, ich erwähnte es schon einmal im Rahmen dieses

Buches: Wenn jeder Mensch einzig und allein bestrebt wäre, aus seinem Leben ein Paradies zu machen, und sich jeder Mensch nur dieser einen Aufgabe widmen würde, dann würde diese Welt das Paradies, das sie in Wahrheit schon ist.

Die ersten Schritte auf diesem Weg bedeuten, schmerzhafte und verletzende Situationen anzunehmen – also in die Akzeptanz zu gehen –, das Vertrauen zu entwickeln, dass jeder Situation das Geschenk des Wachstums innewohnt, und die Erkenntnis, dass wir jederzeit wählen und uns neu entscheiden können. Wir können nicht loslassen, was wir nicht angenommen haben. Ich kann den Mist vor mir noch so lange anstarren, wenn ich ihn nicht auf die Mistgabel nehme und auf den Misthaufen werfe, wird er sich nicht von allein fortbewegen.

Auch meine Verletzungen oder Sorgen lösen sich nicht dadurch in Luft auf, dass ich immer wieder darüber spreche und nachdenke und ihnen so immer wieder neue Energie gebe.

Loslassen, was dich verletzt, setzt voraus, dass wir lernen, erst einmal ganz bei uns zu bleiben. Akzeptanz bedeutet nicht, sich geschlagen zu geben. Und wir müssen das alles auch nicht allein tun. Wir haben einen unermüdlichen Coach und Begleiter an unserer Seite. Vollkommen kostenlos und die Geduld in Person: Gott!

»Liebe deinen Nächsten wie dich selbst«, heißt es in Markus 12,31, und nicht: »Liebe deinen Nächsten und eventuell, wenn du noch Zeit und Muße hast, dann liebe auch dich selbst.« Wir können der Welt – und uns selbst – keinen größeren Dienst erweisen als den, die beste Version unserer selbst zu werden. Gott erfährt sich mit seiner Liebe, kraft des Heiligen Geistes, durch dich. Du bist wichtig für Gottes Heilsplan. Du bist ein Geschenk für diese Welt. Und du hast es verdient, glücklich und frei zu sein. Alles hat jedoch seinen Ursprung in dir. Frieden, Liebe,

Freiheit und Glück beginnen in dir. Loslassen bedeutet, die Verantwortung für dein Leben zu übernehmen – sprich für die Art, wie du mit den Situationen und Herausforderungen deines Lebens umgehst. Natürlich habe ich damals dem Vater meines Freundes nicht gesagt, dass er sich an mir vergehen soll. Das Verhalten dieses Mannes ist und war mehr als schändlich und vernichtend. Jahrelang litt ich unter diesem Erlebnis, und meine Beziehungen waren von den Verletzungen geprägt. Doch durch meine Beziehung zu Gott habe ich gelernt zu vergeben und mir meine Freiheit wieder zu nehmen. Denn während wir in einem Gefängnis von vernichtenden Gefühlen und Gedanken an längst vergangene Situationen unsere PS nicht auf die Straße bringen, kann sich der andere oft schon gar nicht mehr daran erinnern, was passiert ist. Wie in dem buddhistischen Sprichwort nehmen wir Tag für Tag Gift in uns auf und hoffen, dass der andere daran stirbt. Wenn wir partout nicht vergeben und loslassen wollen, bestrafen wir in Wahrheit nur einen einzigen Menschen: uns selbst!

Die gute Nachricht ist, dass du in dir alle erdenklichen Mittel zur Verfügung hast, um die Probleme alle auf einmal zu lösen. Oder anders formuliert: in Lösung zu bringen. Dich zu lösen von dem, was dich verletzt oder in der Vergangenheit verletzt hat.

Die Frage ist nur ein weiteres Mal: Bist du bereit dazu?

Vor einigen Jahren habe ich mich intensiv mit allem beschäftigt, was mit dem Spiegelgesetz, der Quantentheorie und dem Thema Matrix zu tun hat. Meine Bücherwand wurde zur Bibliothek, und es gab gefühlt kein Seminar, an dem ich nicht teilgenommen habe. Besonders hat mich in dieser Zeit der Gedanke beeindruckt, dass wir uns alle gegenseitig auf bestimmte Art und Weise spiegeln. Sprich, es gibt immer einen Teil in mir, der mit einem Teil meines Gegenübers in Resonanz geht, und umgekehrt. Mit anderen Worten: »Der andere bist auch du.« Das ist eine der Wahrheiten, an denen uns Yogi Bhajan in den *Fünf Sutras des Wassermann-Zeitalters* teilhaben lässt.

Alles, was uns in unserer Welt begegnet, haben wir mit unserem Bewusstsein erschaffen. Wir leben, gemäß der Quantentheorie, in einem riesigen Quantenhologramm. Spirituell ausgedrückt, würden wir es »die Quelle von allem, was ist« nennen. Alles um uns herum ist sich ständig bewegende Energie. In dieser göttlichen Quantensuppe gibt es keine Materie, kein Oben, kein Unten. Das Einzige, was dort existiert, ist grenzenloses Sein. Laut spiritueller Definition: Es existiert dort nur Licht und Liebe. Also Gott.

All die Gedanken, Absichten und Intentionen, die wir tagtäglich in dieses Energiefeld geben, werden bestimmt durch unsere Überzeugungen, Gedanken und Gefühle. Sie dienen als Vorlage beziehungsweise Muster, das der Quelle, dem göttlichen Bewusstsein, die Richtung weist. Die Energie folgt immer dem Geist. Aufgrund der Informationen durch unsere Gedanken, Überzeugungen und Gefühle erfährt die formlose Energie, welche Form sie annehmen soll. Das bedeutet, wir sind nonstop Schöpfer der Welt, so wie wir sie wahrnehmen.

Dieser kleine Exkurs soll dir noch einmal verdeutlichen, was gemeint ist, wenn von »Trennung« die Rede ist. In Wahrheit gibt es diese Trennung nicht. Die Quelle, von der hier die Rede ist, ist Gott. Und Gott hat dich erschaffen, damit du ein freies, selbstbestimmtes, glückliches Leben in Wohlstand und Fülle lebst. Seine wundervolle Energie ist in dir, sie fließt durch dich hindurch und um dich herum. Das, was uns daran zweifeln lässt, ist der Glaube an die Trennung durch unsere Körper. Doch du bist weder dein Körper, noch bist du deine Gedanken, und noch viel weniger bist du die Geschichte, die du bislang erlebt hast. Diese begrenzte Sichtweise, der die meisten Menschen Glauben schenken, ist ein machtvolles Instrument, dessen sich das Ego – der Feind – immer wieder gerne bedient.

»Nichts Wirkliches kann bedroht werden. Nichts Unwirkliches existiert. Hierin liegt der Frieden Gottes«, wie es im *Kurs* heißt. Das, was sich uns zeigt, ist insoweit unwirklich, weil wir es jeden einzelnen Moment in unserem Leben ändern können. Es genügt eine kleine Verschiebung der Sichtweise von der Angst zur Liebe, und wir erleben eine komplett andere Welt. Diese Verschiebung der Sichtweise beschreibt das, was der *Kurs* als Wunder definiert. Eines der größten Wunder ist in meiner Wahrheit die Vergebung. Denn sie macht dich stark und frei!

Meine Freundin und Mentorin Yvonne van Dyck beschenkte die Teilnehmer eines Kongresses dazu mit einer grandiosen Metapher. Gerne gebe ich sie dir mit meinen Worten wieder. Lass sie auf dich wirken. Sie dient dazu, das, was ich dir vermitteln möchte, in eine etwas bildhaftere Sprache zu übersetzen. Mich hat diese Veranschaulichung immer sehr unterstützt.

Sicherlich hast du als Kind gerne mit Seifenblasen gespielt. Und wenn nicht, dann bin ich mir zumindest sicher, dass du weißt, wovon ich hier schreibe. Jedes Seifenblasenfläschchen beinhaltet einen kleinen Stab mit einer offenen Rundung am Ende, durch die man den Seifenschaum blasen kann. Wenn dieses Unterfangen von Erfolg gekrönt war, dann formte sich eine große Seifenblase, die sich in einem Moment löst und dann davonfliegt. Gerne habe ich als Kind diesen Blasen eine Weile nachgesehen, doch sobald eine aus meinem Blickfeld verschwand, war es viel spannender, eine neue zu erschaffen. Manchmal jedoch konnte es passieren, dass eine Seifenblase sich nicht von der Öffnung löste. Selbst mit noch so viel Pusten konnte es sein, dass sie wie in Stein gemeißelt daran hängen blieb.

Was haben wir dann als Kinder getan? Haben wir uns davon den Tag verderben lassen und von Stund an keine neuen, bunten Blasen aus dem Seifenschaum kreiert? Sind wir in Selbstzweifel verfallen? Oder haben wir einfach den Stab, an dem die Seifenblase hing, wieder zurück in das Seifenblasengefäß gesteckt, ordentlich gerührt und eine neue Blase gezaubert, in der Freude, dass diese jetzt wie all die anderen zuvor in ihrer Farbpracht davonfliegt?

Genauso ist es mit unseren Sorgen, Verletzungen und Nöten. Manche sind in unseren Augen so banal, dass wir ihnen kaum Aufmerksamkeit schenken und sie einfach von dannen ziehen lassen. Anderen jedoch schenken wir so viel Aufmerksamkeit, dass sie wie in Stein gemeißelt in unserem Bewusstsein kleben bleiben und partout nicht davonziehen wollen.

Wenn wir Gott in unser Leben einladen und darauf vertrauen lernen, dass sein Sohn, Jesus Christus, durch uns wirkt und lebt, dann dürfen wir Jesus als genau dieses Gefäß betrachten, in das wir den Stab, an dem unser Problem haftet, wieder eintauchen. Christus in uns ist die Lösung, so wie der Seifenschaum die Lösung war, aus der wir als Kinder große und kleine Seifenblasen gemacht haben. Die Lösung für alle Herausforderungen ist und war schon immer da. Und wenn du ab jetzt dein Anliegen in Gottes Hände legst, dann übe dich darin, der »neuen«, noch ungeformten Energie Informationen zu geben, die dich erfüllen und heilen.

Es braucht von deiner Seite lediglich die Entscheidung, deine Sicht der Dinge zu verändern: von der Perspektive der Angst zur Perspektive der Liebe.

»Ich bin verantwortlich für das, was ich sehe. Ich wähle die Gefühle, die ich erfahre, und ich entscheide mich für das Ziel, das ich erreichen möchte. Ich bitte um alles, was mir zu widerfahren scheint, und ich empfange, wie ich getan habe.« Diese

Worte aus dem *Kurs* brauchen vielleicht einen Moment, bis du ihnen einen Platz in deinem Herzen gibst. Zumindest habe ich einen Augenblick der Reflexion gebraucht. Doch wenn wir diese Zeilen in unser Lebensmodell aufnehmen, ist es kein Ding mehr, einfach loszulassen, was uns verletzt oder früher einmal verletzt hat. In dem Moment, in dem wir die Verantwortung für unser Leben übernehmen und es vollkommen in Gottes Hände legen, bedarf es keines Grolls mehr. Wenn ich also hier davon schreibe, dass es in Wahrheit nur das »Jetzt« gibt, dann meine ich damit, dass nur das »Jetzt« wirklich von Bedeutung ist. Nur »jetzt« kannst du wählen, wie du dich fühlst und welchen Gedanken du Raum gibst. Selbst wenn du eine Trancereise in die Vergangenheit oder Zukunft machst und dort etwas veränderst, tust du es in Wahrheit »jetzt«. Es gibt unglaublich viel Literatur darüber, und großartige Meister haben sich dieses Themas schon angenommen. Doch alle Bücher und Seminare dieser Welt nutzen nichts, wenn es dir an der inneren Bereitschaft fehlt, im »Jetzt« neue Seifenblasen zu erschaffen, anstatt deine ganze Energie darauf zu verwenden, daran zu denken, dass die eine vergangene Seifenblase misslungen war.

Du hast einen großen Einfluss auf diese Welt – und damit auch auf andere Menschen. Es ist wie in einem Dominospiel: Wenn der erste Stein fällt, schubst er den zweiten an, und nach und nach fallen alle Steine des Spiels um. Der *Kurs* spricht davon, dass es in Wahrheit keinen privaten Gedanken gibt. Alles beeinflusst alles. Im Guten wie auch im weniger Guten.

Nicht immer erkennen wir genau, wer in gewissen Situationen auf welche Weise gewirkt hat. Doch sollten wir darauf vertrauen lernen, dass in jeder Situation ein Geschenk verborgen liegt und dass es Menschen gibt, die, wenn wir uns für den Sieg entscheiden, uns im Verborgenen die Unterstützung geben, die es uns ermöglicht, diesen zu erlangen. Hierzu fand ich in einem der Bücher von Joel Osteen folgende Geschichte aus der Bibel: Josua und das Volk Israel befinden sich in einer Schlacht gegen den Feind. Moses steht als Führer des Volkes Israel auf einem Hügel und hält einen Stab hoch. Solange Moses seine Hände mit dem Stab erhoben hält, sind Josua und das Volk Israel siegreich. Wenn Moses' Arme jedoch müde werden und hinabsinken, dann gewinnt der Feind die Oberhand. Als Moses dies bewusst wird, ruft er ein paar Männer herbei und bittet sie, seinen Arm zu stützen.

Josua gewinnt die Schlacht unten im Tal schließlich, doch weiß er nicht, dass sein Sieg auf der Tatsache beruht, dass Moses die ganze Zeit seine Arme hochgehalten hat. Ohne Moses' Beitrag wäre der Kampf für das Volk Israel verloren gewesen.

Unsere Herausforderung besteht darin, so zu leben, dass andere siegen können. Mit jeder Entscheidung, statt der Angst der Liebe die Regie in unserem Leben zu übergeben, halten wir wie Moses die Arme hoch. Und dabei können wir nie genau wissen, wer während unserer inneren und äußeren Kämpfe gerade für uns die Hände hochhält.

Moses ist nicht hingegangen und hat gesagt: »Hätte ich die Arme nicht hochgehalten, dann hättet ihr nicht gesiegt.« Er hat auch nicht gejammert oder sich gar beklagt: »War ja wieder klar, ich bin der Depp hier, der mühsam die Arme hochhält, damit die anderen gut dastehen und den Sieg einfahren.« Nein! Er hat die Arme hochgehalten, weil er wusste, dass das Volk Israel zum Sieg kommen würde, indem er seinen Beitrag leistet.

Noch einmal: Oftmals ist das Verhalten von Menschen unentschuldbar, das lässt sich nicht schönreden. Bleiben wir jedoch auf der Verhaltensebene stehen und versuchen, die Dinge dort zu lösen, sind wir wie die Katze, die ihren Schwanz jagt. Wir drehen uns im Kreis. Gott ist ein gerechter Gott. Vertrauen wir ihm und entziehen dem Ego die Macht über unser Leben. »Aber der hat doch ...« Ja, hat er ... und dennoch entscheide ich mich heute, diese Situation durch die Augen der Liebe zu sehen, und bin frei! Sicherlich kennst du den Satz: »Recht zu haben und recht zu bekommen sind zwei Paar Schuhe!« Doch willst du recht haben oder willst du glücklich sein? Beides zusammen wird auf Dauer schwierig. Denn aus der Perspektive des Egos bedeutet »recht haben« immer, dass es einen Verlierer gibt. Und das bedeutet nicht wirklich Frieden. Wir erleben das Resultat des »Recht-haben-Wollens« jeden Tag in den Nachrichten. Laufen wir dagegen ein Stück Weg in den Schuhen des anderen, werden wir immer auch dessen Perspektive ein bisschen besser verstehen können.

Ich für meinen Teil habe gewählt, glücklich zu sein, und vertraue, dass Gott ein gerechter Gott ist und ich mich nicht darum kümmern muss zu richten. Denn dann wäre ich nicht besser als die Menschen, die ich verurteilt habe. Doch ich treffe Entscheidungen, und auch wenn ich jeden Menschen achte, bedeutet das nicht, dass ich mit jedem meine Zeit verbringen möchte.

Manchmal sind die augenscheinlich schlimmsten Situationen in unserem Leben genau die oben genannten Arme Moses'. Gott wird dich immer durch die dunkelsten und herausforderndsten Stunden deines Lebens hindurchführen. Er nimmt sie dir nicht ab und er trägt dich auch nicht drum herum. Mit seiner Hilfe gelangst du jedoch immer zum Sieg, und deine Trophäe wird sein, dass du um ein Vielfaches stärker und gereifter aus jeder Situation hervorgehst. Jede Erfahrung lässt dich mehr und mehr zur besten Version deiner selbst werden.

Zum Abschluss dieses Kapitels möchte ich dir dazu etwas aus dem Leben meines Freundes – und eines der erfolgreichsten

Persönlichkeitstrainer Deutschlands – Antony Fedrigotti erzählen. Es handelt sich um einen Ausschnitt aus seinem Buch *Eine Idee, deren Zeit gekommen ist*:

Soweit ich mich zurückerinnern kann, träumte ich von einem Leben in Freude, ohne Probleme oder Schwierigkeiten. Als 13-Jähriger arbeitete ich schon an einer Tankstelle und betankte mit Freude die Autos der Gäste, welche in unserem Ort Urlaub machten. Ich bin in Kaltern, Südtirol, geboren. Ich putzte die Scheiben und hatte richtig Spaß daran, wenn ich gelobt wurde, und bekam auch reichlich Trinkgeld. Die deutschen Gäste gaben am meisten, die Österreicher waren etwas sparsamer und von den Schweizer Gästen konnte ich damals schon das Sparen lernen, sie fingen bei meinem Trinkgeld an. Trotzdem, ich gab immer mein Bestes und genoss die Anerkennung, die ich als junger Tankwart bekam.

Dann begann ich in Bozen eine Lehre, wurde allerdings nicht in der Berufsschule angemeldet und war somit eine gute Arbeitskraft für den »Lehrherrn«! Heute kann ich sagen, das war mein Glück, sonst wäre ich nie nach Deutschland gekommen und wäre sicherlich immer in Südtirol geblieben. Wäre ich damals regulär in der Schule angemeldet worden, hätte ich die Ausbildung fertig machen müssen und mein Leben wäre vollkommen anders verlaufen. Tja, manchmal steckt in einem scheinbaren Nachteil auch ein Vorteil. Seit dem 15. Lebensjahr lebe ich nun in Deutschland und bin sehr gerne hier. Ich habe eine Handwerksausbildung absolviert, und anschließend ging das Lernen erst richtig los. Bis heute dauert dieser Prozess an, und wenn Menschen fragen, wo oder was ich studiert habe, so antworte ich gerne: »*Das Leben!*« *Die Universität* »*Leben*« *war und ist meine Ausbildung. Wünsche und Träume haben, sie verwirklichen und persönlich wachsen. Fehler machen und daraus lernen. Nun arbeite ich schon seit 45 Jahren, und es macht mir jeden Tag mehr Spaß. Ich genieße es mittlerweile, nicht mehr*

meine eigenen Probleme lösen zu müssen, deren hatte ich genug,
sondern kann anderen helfen, ihre zu bewältigen. Ich darf auf
Kongressen und Kick-off-Veranstaltungen sprechen und Menschen
inspirieren, neue Erfolge zuzulassen.

Ich liebe solche Geschichten von Menschen, die mein Leben berühren. Jeder hat in seinem Leben von Zeit zu Zeit einen Moses an seiner Seite. In Antonys Leben spielte er unter anderem die Rolle des Lehrherrn.

In jeder Situation steckt ein Geschenk, das dich wachsen und reifen lässt. Und du weißt jetzt, dass die Lösung für alle Herausforderungen in dir nur darauf wartet, zum Einsatz zu kommen.

Loslassen bedeutet nicht, die Dinge »schönzureden« oder das niederträchtige Verhalten eines Menschen gutzuheißen. Loslassen bedeutet zu erkennen, dass alles, was dir in deinem Leben widerfährt, die Chance für dich beinhaltet, zu wachsen und zu reifen. Das Gestern und das Morgen spielen dabei keine Rolle, denn es zählt nur der Moment, in dem du dich entscheidest, dich durch den Heiligen Geist führen zu lassen.

Die Liebe heilt alles, sie wendet sich niemals von uns ab und sie geht auch niemals wirklich verloren – lediglich wir drehen ihr manchmal den Rücken zu. Liebe verzeiht, Liebe ist niemals nachtragend – Liebe ist. Und Gott ist Liebe.

Gott hat einen großartigen Plan für dein Leben und er lenkt deine Schritte immer zu deinem höchsten Wohle. Warte nicht auf Wunder, sondern werde selbst eines.

Auf den Punkt gebracht

Der Wunsch, diese Welt zum Besseren zu verändern, ehrt uns sehr. Doch wie heißt es so schön: »Vor den Erfolg haben die Götter den Schweiß gesetzt.« Und so mancher hatte schon

Schweißperlen auf der Stirn, wenn es darum ging, Verletzungen der Vergangenheit loszulassen. Mich eingeschlossen. Denn wie wir wissen, müssen wir das, was wir loslassen wollen, erst einmal in Liebe annehmen. Ignorieren wäre da sicherlich manchmal auf den ersten Blick der wahrhaft einfachere Weg. Doch funktioniert diese Methode auf Dauer nicht. Wenn wir an Personen oder Gegebenheiten festhalten, von denen wir wissen, dass sie uns nicht guttun, hat das nicht selten enormes seelisches Leid zur Folge.

Ich weiß nicht, wie du das siehst, doch ich persönlich finde seelisches Leid schlimmer als Probleme, die sich auf der rein körperlichen Ebene abspielen. Ganz im Ernst, wenn ich wählen müsste, dann würde ich mich eher für eine Kopfwehattacke entscheiden als für ein gebrochenes Herz. Gegen die Kopfschmerzen könnte ich zumindest, wenn es hart auf hart kommt, noch eine Tablette oder Notfalltropfen nehmen. Doch das gebrochene Herz? Mir ist nur eine einzige Medizin bekannt, und von der sprechen wir seit nunmehr schon vier Kapiteln: die Hinwendung zur Liebe und damit zu Gott. Gott kann alles für uns heilen, wenn wir es ihm erlauben. Das Einzige, was es dafür braucht, ist, ihm unsere Liebe zu offenbaren. Doch Liebe kann es nur geben, wenn wir frei sind in unseren Entscheidungen. Halten wir jedoch an altem Schmerz fest, dann sind wir nicht frei. Nehmen wir uns die Freiheit der Entscheidung nicht, dann werden wir auch nicht in den Genuss der alles umfassenden Liebe kommen.

Wie in der Seifenblasenmetapher ist es an der Zeit, dass du den Illusionsblasen der Vergangenheit die Energie entziehst, damit sie dir für neue, dich erfüllende Schöpfungen zur Verfügung steht. Und zwar genau jetzt, in diesem Moment. Nicht erst irgendwann.

Wenn Gott uns in einer scheinbar ausweglosen Situation verharren lässt, dann nicht um uns zu schaden, sondern um uns zu stärken, damit wir die Entscheidung treffen, dass er jetzt durch uns wirken darf. Wie Gott dann in unserem Leben wirkt, darauf haben wir keinen Einfluss. Und das ist gut so. Du kannst dir sicher sein: Wenn du bereit bist, dich von altem Schmerz zu lösen, wird er dir alles zur Verfügung stellen, was du brauchst, um es zu schaffen.

»Lass mich das Problem erkennen, damit es gelöst werden kann«, heißt es in Lektion 79 im *Kurs.*

Jeder von uns hat in diesen Zeiten einen Moses hinter sich, der den Arm für uns hochhält. Wir erkennen ihn oft nur nicht, da wir vor Schmerz blind sind für das Wesentliche. Gott gebraucht jeden, der es ihm erlaubt, für seinen großartigen Plan. Dieser kann sich jedoch nur dann zur Gänze verwirklichen, wenn wir aufhören, uns darüber zu beklagen, was war, und stattdessen darauf vertrauen lernen, dass all das Teil des Plans ist, um uns zu friedvollen Kämpfern für die Freiheit werden zu lassen.

Liebe heilt allen Schmerz, Liebe verzeiht, Liebe ist niemals nachtragend – Liebe ist. Und Gott ist Liebe. Und genau diese Liebe ermöglicht es uns, die Dinge nicht länger daran festzumachen, wie wir sie auf der Verhaltensebene wahrnehmen. Vielmehr gilt es zu erkennen, welche großartige Lektion in der Essenz der Geschehnisse für uns enthalten ist. Gott hat einen Plan für dich, und es mag sein, dass du das ein oder andere daran nicht verstehst. Das ist vollkommen in Ordnung, doch vertraue auf ihn und werde ein Instrument der Liebe im Orchester Gottes.

Der *Kurs* sagt, dass wir in der Dunkelheit nicht sehen und daher auch das Licht nicht anmachen können. Wenn wir dennoch glauben, im Dunkeln sehen zu können, ist das ein Trugschluss. Weiter heißt es, dass das Licht ein Aspekt der Schöpfung ist und das Leben widerspiegelt. Schöpfung und Dunkelheit können aus seiner Sicht nicht nebeneinander bestehen. Licht und Leben gehören jedoch als verschiedene Aspekte der Schöpfung zusammen.

Im Schmerz und in der Unversöhnlichkeit wird es emotional dunkel in uns. Menschen in depressiven Zuständen sprechen von der sie umgebenden Dunkelheit. Doch es genügt schon, wenn wir ein ganz klein wenig das Ego zurücknehmen, um dem Licht Raum zu geben. Stell dir einen dunklen Raum vor und daneben einen Raum mit Licht. Stell dir vor, dass beide Räume durch eine Tür getrennt sind. Und dann stell dir vor, dass du die Tür öffnest. Was wird wohl passieren? Ganz genau, das Licht des einen Raumes wird langsam die Dunkelheit des anderen durchdringen und nicht umgekehrt.

Auch wenn du deinen Geist jetzt schon darauf geschult hast, deine Aufmerksamkeit auf die Liebe zu lenken, kann es sein, dass du immer noch auf einigen Widerstand in dir stößt. Gerade wenn es darum geht, alten emotionalen Schmerz loszulassen, wird das Ego extrem rebellisch. Denn immerhin hat es uns damit sehr gut im Griff.

Der *Kurs* beschreibt das ungefähr so: »Der Grund für den Widerstand ist ganz einfach. Während du auf die Art und Weise übst, deine Aufmerksamkeit auf die Liebe statt auf die Angst zu lenken, lässt du alles hinter dir zurück, was dich das Ego lange Zeit hat glauben machen wollen. Alle Gedanken und Überzeugungen, die es für dich erfunden hat. Streng genommen ist der Weg, deine Aufmerksamkeit auf die Liebe zu richten, die Befreiung aus der inneren Hölle. Doch mit den Augen des Egos wahrgenommen, ist es ein Identitätsverlust ohnegleichen und ein Abstieg in die Hölle.«

Der Dunkelheit zu entrinnen heißt, dass du dich in jedem Moment daran erinnerst, dass es dein Ziel ist, ins Licht zu gelangen. Die Liebe Gottes ist das Licht, in dem du klar und deutlich sehen kannst. Mithilfe deines inneren Lichtes wirst du nach und nach die Wahrheit erkennen, die dich befreit. Gehst du mit dem Licht in den Schuhen des anderen, wirst du so manchen Moses in deinem Leben erkennen und damit die Segnungen und Geschenke, die sich in den vielen verschiedenen dein Leben prägenden Situationen verborgen haben.

Gott ist das Ganze – alles ist Gott und Gott ist in allem. Nur wenn wir das Ganze mit all unserer Liebe annehmen, lassen wir Gott mit seiner Liebe wirklich durch uns wirken. Wir sind ein Teil des Ganzen und können somit nicht einfach einen Teil ausschließen, nur weil er uns nicht gefällt. Das wäre so, als schlössen wir einen Teil von Gott aus.

Lass uns aus dieser Prämisse heraus in der folgenden (durch Harry Palmer, Autor von *Resurfacing: Techniques for Exploring Consciousness*, inspirierten) Übung ein Stück in den Schuhen des anderen gehen – der Person, die aus menschlicher Sicht mit ihrem Verhalten verantwortlich ist für den Schmerz, den loszulassen dir in diesem Moment noch unmöglich erscheint.

MIR BEWUSST SEIN

Richte deine Aufmerksamkeit auf eine bestimmte Person, mit der du im Moment ganz besonders in Resonanz gehst. Sage laut oder im Geiste:

»Genau wie ich strebt dieser Mensch nach Glück im Leben.« Atme tief ein und aus und nimm die Resonanz in deinem Herzen einfach nur wahr.

Verfahre auf die gleiche Weise nacheinander mit den folgenden Sätzen. Bleibe mit deiner Aufmerksamkeit bei der bestimmten Person, sprich den jeweiligen Satz laut oder im Geiste und danach atme tief ein und aus und achte auf die Resonanz in deinem Herzen.

»Genau wie ich versucht dieser Mensch im Leben Leid zu vermeiden.«
»Genau wie ich hat dieser Mensch schon Trauer, Einsamkeit und Verzweiflung erfahren.«
»Genau wie ich versucht dieser Mensch, die eigenen Bedürfnisse zu stillen.«
»Genau wie ich ist dieser Mensch aus göttlicher Sicht vollkommen und trägt die Liebe Gottes in sich.«

Sei bei dieser Übung achtsam und geduldig mit dir. Es wäre nicht ungewöhnlich, wenn es dir nicht von Anfang an gelingt, in deiner Liebe zu bleiben. Doch denke immer daran: Der andere ist auch immer ein Stück weit du selbst. Übe dich in diesem Bewusstsein, und wenn es dir schwerfällt, dann sage dir: »Auch wenn es mir noch schwerfällt, in allem die Liebe Gottes zu sehen, und meine Gedanken immer wieder zu dem manchmal zerstörerischen Verhalten von bestimmten Menschen zurückkehren, entscheide ich mich dennoch, dass es mir von Mal zu Mal leichter gelingt. Gott ist meine Quelle, ich kann keinen Menschen getrennt von ihm sehen.«

Du weißt, dass Fühlen das »A und O« bei jeder Form der Veränderung ist. Gib nicht auf und bleibe am Ball, bis es sich wirklich gut in dir anfühlt. Jeder Widerstand ist wie ein energetisches

Gift in deinen Zellen, und nur du kannst dieses Zellgift in dir in Lösung bringen – mithilfe der Liebe.

Entscheide dich für Schönheit statt Asche und lass los, was dich nicht glücklich macht. Gott wird mit diesem Schritt eine neue Phase in deinem persönlichen Wachstum einläuten.

~✤~

Ich bin bereit, nicht länger an Altem festzuhalten und stehen zu bleiben. Gottes Liebe lässt mich jetzt über mich selbst hinauswachsen.

5

Lass die Vergangenheit
hinter dir

Ihr aber, liebe Brüder, seid zur Freiheit berufen! Allein sehet zu,
dass ihr durch die Freiheit dem Fleisch nicht Raum gebet; sondern
durch die Liebe diene einer dem anderen.

2. Korinther 5, 17

»Glücklich ist, wer vergisst, was doch nicht zu ändern ist!« Dieser Liedtext aus der Operette *Die Fledermaus* ist eine geniale Einleitung für den nächsten Schritt unserer Reise.

Wenn wir wahren Frieden leben wollen, frei sein wollen, dann dürfen wir nicht nur davon reden, dass das Vergangene vergangen ist – sondern müssen auch wirklich bereit sein, die Vergangenheit hinter uns zu lassen. Ganz egal, ob es sich um eine Begebenheit von vor fünf Minuten, fünf Tagen oder fünf Jahren handelt. Was immer auch war, es ist vorbei und Punkt. Ganz egal, was dir widerfahren ist oder was du jemand anderem, bewusst oder unbewusst, angetan hast. Und ich weiß aus eigener Erfahrung, dass wir manchmal sehr herausfordernden Situationen ausgesetzt sein können. Nicht umsonst haben wir uns schon dem Thema Selbstvergebung gewidmet.

Ohne jetzt noch einmal tief in irgendwelche persönlichen

Dramen einzutauchen, ist es mir dennoch ein Anliegen, dich an einem schon erwähnten Teil meiner Geschichte teilhaben zu lassen.

Als junges Mädchen habe ich wiederholt sexuelle Übergriffe erfahren, die sehr tiefe seelische Wunden in mir hinterlassen haben. Mir ist es daher nicht fremd, unversöhnlich zu sein. Viele Jahre habe ich Groll und Wut in mir getragen. Groll gegen Gott, gegen die Menschen und gegen mich selbst. Der Punkt ist, dass ich mich dadurch selbst in ein inneres Gefängnis gesperrt habe. Mein wundervoller Partner und Ehemann Matthias kann davon ein Liedchen singen. Im Verhalten gegenüber anderen Menschen war ich eine – im übertragenen Sinne, versteht sich – lebende Bombe. Jedes Wort habe ich auf die Goldwaage gelegt, war schnell aufbrausend und vor allem nachtragend und extrem zickig. Es war mir absolut nicht möglich, eine gute Beziehung zu irgendjemandem aufzubauen, da ich viel zu unsicher war und aufgrund dieser Tatsache nichts und niemandem wirklich vertraute. Wie auch. Es war mir ja noch nicht einmal möglich, eine annähernd gute Beziehung zu mir selbst aufzubauen. Sobald mir ein Mensch etwas näherzukommen »drohte«, griffen selbstzerstörerische Mechanismen wie im Autopilot, und schnell hatte sich die anbahnende Beziehung erledigt. Weißt du, liebe Leserin und lieber Leser, was daran wirklich betrüblich ist? Dass Angst und Groll uns immer mehr in die Geschichten von Schmerz und Pein verstricken und wir dadurch oftmals erst viel zu spät die verheerenden Spuren erkennen, die sie in unserem Leben hinterlassen.

Irgendwann distanzieren sich die Menschen von uns, wenn wir ständig auf Krawall gebürstet sind oder uns bei jeder etwas brenzligen Situation in unser Schneckenhaus zurückziehen. Es macht keinen Spaß, mit Leuten Zeit zu verbringen, die sich ständig selbst bedauern und das Haar in der Suppe suchen.

Matthias heißt übersetzt »Geschenk Gottes«. Seine Aufgabe schien es immer schon gewesen zu sein, mich auf dem Weg zu begleiten, mich selbst und Gott zu finden. Anders kann ich mir das nicht erklären, denn er ist jetzt schon dreißig Jahre mit seiner unerschütterlichen und wohlwollenden Art, mich zu lieben, an meiner Seite. Quasi mein Moses!

Machen wir uns nichts vor: Auf der Verhaltensebene passieren in dieser Welt immer wieder Dinge, die so weit weg sind von Güte und Gerechtigkeit, dass es einem angst und bange werden kann. Keine Ahnung, warum wir gewisse Situationen genauso erleben müssen, wie sie uns das Leben schenkt. Ich habe mir abgewöhnt, auf alles eine adäquate und allumfassende Erklärung zu erwarten. Auf das Warum werden wir in der Regel niemals eine zufriedenstellende Antwort bekommen. Doch eines weiß ich heute hundertprozentig: In jeder Situation steckt ein Geschenk. Eine Chance für uns, zu reifen und zu wachsen. Zur Bergung dieses Geschenkes bedarf es lediglich einer guten Beziehung zu uns selbst und zu Gott. Oder im Sinne des *Kurses* der Bereitschaft, Stein für Stein die Mauer abzutragen, die wir selbst errichtet haben und die uns von der Liebe fernhält.

Die Liebe, also Gott, macht keinen Unterschied. Für ihn sind alle Probleme gleich-wertig, sie haben den gleichen Wert. So wie der *Kurs* es in Lektion 79 beschreibt, gibt es nur das eine Problem: das Gefühl eines Menschen, von Gott getrennt zu sein. Die beste Nachricht dieses Buches lautet daher: Es ist nie zu spät für eine gute Beziehung zu Gott. Es ist nie zu spät, um uns der Liebe zu öffnen und in Christus neu zum Leben zu erwachen.

Mein Geschenk in all den unschönen Situationen, die ich erlebt habe, ist, dass ich genau das erfahren durfte. Ein Teil des Geschenks, das ich hier mit dir teile, ist, dass es auch für dich so ist. Denn die oder der andere bin immer auch ich. Du bist auch ein Stück weit ich und umgekehrt. Es hat Jahre gedauert, bis ich erkannte, dass es einzig und allein meine Entscheidung ist, in diesem Moment neu anzufangen. Wünschst du dir einen Neuanfang – vollkommen frei, voller Zuversicht und voller Vertrauen? Noch einmal ganz von vorn beginnen? Nicht besser, sondern anders?

Mein Start in dieses Leben war mit Sicherheit nicht der beste, doch ich weiß, dass Gott ein hervorragendes Ende für mich vorbereitet hat. Ich allein entscheide jeden Tag aufs Neue, wie sich der Mittelteil gestaltet. Lange Zeit glaubte ich, dass ich das vollkommen allein bewerkstelligen müsste – was in ziemlich vielen Fällen nicht wirklich von Erfolg gekrönt war. Dann habe ich mich auf meinen spirituellen Weg begeben und großartige und erfüllende Jahre erlebt. Es gab aber auch Momente, in denen es nicht ganz so lief, wie ich es wollte, und ich wandte mich wieder mehr oder weniger von Gott ab. In der Summe wurde es dann erneut komplizierter. So entschied ich mich, ein für alle Mal Gott mein Leben anzuvertrauen und mich kompromisslos von ihm führen zu lassen. Die Erfahrung, die ich machte, war nicht nur, dass Gott uns in diesem Moment unumstößliche Vergebung schenkt, nein, er vergibt und vergisst im selben Moment. Gottes Liebe wandelt dich, und du bist eine neue Schöpfung.

Du wendest dich der Liebe zu, und dir ist vergeben. Du kannst neu beginnen.

In Epheser 2,10 heißt es: »Denn was wir sind, ist Gottes Werk; er hat uns durch Christus dazu geschaffen.«

Und in 2. Korinther 5,17: »Wenn jemand zu Christus gehört, ist er eine neue Schöpfung. Das Alte ist vergangen; etwas ganz Neues hat begonnen.«

Was immer dich auch betrübt, gib nicht auf. Aufgeben kann jeder. Das ist keine Kunst und bedarf weder der Unterstützung

Gottes noch der Liebe oder einer sonstigen Kraft. Du brauchst noch nicht einmal ein besonderes Talent oder Geschick, um einfach aufzugeben. Glaube mir, das ist die einfachste Sache der Welt. Doch wie heißt es: »Des Menschen Wille ist sein Himmelreich!« Bedenke bitte nur, dass du, wenn du aufgibst, nie erfahren wirst, was Gott Großes mit dir vorhat. Welch grandiosen Sieg er für dich vorgesehen hat. Deine Anwesenheit in dieser Welt ist wichtig und bedeutungsvoll. Es gibt einen Platz, den nur du für dich in Anspruch nehmen kannst; kein anderer Mensch sonst ist dazu befähigt. Wenn du dich entscheidest, dass du dir deinen dir rechtmäßig zustehenden Platz nicht einnimmst, dann bleibt dieser für immer leer. Kein Platz ist dabei besser oder schlechter. Alle Plätze sind gleich-wertig. Der Platz des Protagonisten auf der Bühne ist genauso wichtig wie der Platz hinter den Kulissen. Stell dir eine Großveranstaltung wie ein Konzert vor ohne die guten Geister, die sich um die Toilettenwagen und Ähnliches kümmern würden. Ein grauenhafter Gedanke. Gott möchte, dass wir ein wundervolles Leben führen. Ein Leben unseren Gaben und Talenten entsprechend. Entscheide dich jetzt für einen Neuanfang. Wage es und lass dich von Gott an die Hand nehmen.

»Ach ja, Angela, dass klingt ja ganz nett, wenn du dich da so in Euphorie schreibst. Doch ich habe nun mal die berühmte A-Karte in diesem Leben gezogen. Mein Job ist mies, meine Beziehungen sind mies, meine Gesundheit könnte besser sein. Finanziell bekomme ich keinen Fuß auf die Erde. Das Leben hat mich auf die Schattenseite gestellt ...« Klingen so oder ähnlich jetzt vielleicht deine Gedanken? Das ist absolut in Ordnung. Immer raus damit!

Ja, ich schreibe gerade voller Euphorie, weil ich dich mit meinen Worten aufrütteln möchte. All das, was ich erlebt habe, all der Schmerz und Kummer haben mich genau darauf vorbereitet. Mein Platz, den ich eingenommen habe, dient dazu, dich zu ermutigen. Mir liegt es fern, etwas »schönzureden«. Wenn du seit längerer Zeit arbeitslos bist und dich in diesem Moment für einen Neuanfang entscheidest, ist es sehr unwahrscheinlich, dass direkt in der nächsten Stunde dein Traumjob angeflattert kommt. Lebst du im Moment in einem Körper, der durch falsche Ernährung aus der Form geraten ist, und hast du einige Kilo Fett zu viel auf den Hüften, wirst du nicht morgen früh aufwachen und rank, schlank und durchtrainiert sein. Lebst du zum wiederholten Male in einer verheerenden Beziehung, wird sich der Grund dafür mit großer Wahrscheinlichkeit nicht über Nacht in Wohlgefallen auflösen. Solltest du bis über beide Ohren verschuldet sein, dann könnte eine Erbschaft oder ein Lottogewinn dich über Nacht mit Sicherheit direkt in ein sorgenfreies Leben befördern. Doch mal ehrlich, willst du dein Leben lang einem Zufallsgenerator vertrauen? Ich nicht! Und darum wird sich auch höchstwahrscheinlich dieses Problem aus menschlicher Sicht nicht augenblicklich in Luft auflösen. Doch wenn du Gott vertraust und ihm deine Sorgen in die Hände legst, wenn du sie loslässt wie eine Seifenblase, die einfach davonfliegt, dann werden sich Türen öffnen, von deren Existenz du nicht einmal zu träumen gewagt hast.

Du hast alles in dir, um durchzuhalten, um die beste Version deiner selbst zu werden. Wenn du dein Leben im Moment nicht genießen kannst, dann stimmt etwas nicht. Und zwar stimmt dann etwas grundsätzlich nicht mit deiner inneren Einstellung. Gott, die Liebe, will, dass wir an unserem Leben Freude haben. Und wenn das bei dir nicht so ist, dann könnte es sein, dass du dem Ego und seinen Lügengeschichten immer noch mehr Glauben schenkst als dem, was die Liebe für dich vorgesehen hat. Vielleicht liegt es auch daran, dass deine Gedanken und Gefühle immer wieder um bestimmte Situationen kreisen und du dich sorgst, obwohl es für dich besser wäre, es nicht zu tun. Gott will, dass du Freude an deinem Leben hast. Dieses Leben ist ein wundervolles Geschenk. Was wäre, wenn eine gute Beziehung zu Gott es dir ermöglichen würde, dass du dir keine Sorgen mehr zu machen brauchst? Mir gefällt dieser Gedanke, und ich bin aufs Tiefste von seiner Wahrheit überzeugt. Was tun jedoch viele Menschen? Sie reden unaufhörlich über Dinge, die längst vergangen sind. Sie beten zu Gott, um zum wiederholten Male Vergebung für sich und/oder andere zu erbitten, und Gott weiß schon gar nicht mehr, worum es geht. Er vergibt JEDEM beim ersten Mal und vergisst! Du kannst ja ein und denselben fehlerhaften Pullover auch nicht mehrmals an das Versandhaus zurücksenden, oder?

Ich fordere dich auf: Gib nicht auf und vertraue, dass es so ist! Wenn du kraft der Liebe dich dafür entscheidest, nicht aufzugeben, wirst du weit über dich hinauswachsen. Du befähigst dich selbst, dein Leben zu meistern. Jeder Moment deines Lebens ist für einen Neuanfang mehr als geeignet. Du brauchst dazu keine besonderen Talente oder Fähigkeiten. Es ist auch vollkommen egal, was du bisher getan hast oder nicht. Es ist nie zu spät für einen Neuanfang. Vielleicht verharrst du schon seit Jahren in einem Beruf, der dich nicht glücklich macht. Vielleicht hast du ihn ergriffen, weil deine Eltern dir gesagt haben, dass dein Leben so sicherer ist. Und auch wenn du es nicht zugeben magst, ärgerst du dich vielleicht insgeheim seit Jahren darüber, anstelle es zu ändern. Trauerst augenscheinlich verpassten Chancen nach. Oder noch viel schlimmer: Du meinst, dass du jetzt zu alt für eine berufliche Neuorientierung bist. Ein Gedanke, der dich vielleicht noch ärgerlicher werden lässt. Hast du dir schon einmal die Frage gestellt: Was wäre, wenn es genau dieser subtile Ärger auf deine Eltern oder wen auch immer ist, der dich bestimmte Situationen in deinem Leben immer wieder wie in der

Wiederholungsschleife erleben lässt? Vielleicht steckt genau in dieser Situation die Lektion für dich, die du zu lernen hast, um auf deinem Weg in ein erfülltes Leben weiterzukommen.

Wusstest du, dass es Menschen gibt, die noch mit siebzig Jahren die Entscheidung treffen, ihren beruflichen Weg zu verändern? Mir sind welche begegnet. Menschen, die zwanzig, dreißig Jahre in destruktiven Beziehungs- und Verhaltensmustern ausgehalten haben, und irgendwann genügte ein Impuls, damit sie sich daraus befreien konnten.

Als passionierte Sportlerin hat mich die Geschichte von Ernestine Shepherd sehr beeindruckt. Sie ist mit achtzig Jahren die älteste Bodybuilderin der Welt und steht seit Kurzem im Guinness-Buch der Rekorde. Die aus Baltimore stammende Athletin hat aufgrund einer sehr bewegenden Geschichte erst mit sechsundfünfzig Jahren ihre Liebe zum Kraftsport entdeckt. Heute macht sie anderen Mut und ist ein mehr als bereicherndes Vorbild für Frauen wie Männer. Viele folgen ihr und erschaffen sich dadurch ein vitaleres und beweglicheres Leben. Wir sind niemals zu alt, um unsere Träume zu verwirklichen. Und wir können so oft neu anfangen, wie wir wollen. Gott hat dieses Geschenk nicht limitiert.

Jetzt wäre der passende Moment für die Geschichte mit dem Fahrradfahren lernenden Kind: Stell dir vor, jedes Kind hätte nur einen oder zwei Versuche, aufs Fahrrad zu steigen und damit zu fahren. Und dann wäre seine Chance, fahren zu lernen, ein für alle Mal vorbei. Was für ein niederschmetternder Gedanke. Tatsache ist: Wir können so oft neu anfangen, wie wir wollen. Ich selbst habe viele Neuanfänge in meinem Leben gewagt. Allerdings waren nicht alle von Gott geführt. Viel zu oft habe ich Gott eine Anleitung vorgelegt, quasi eine exakte Wegbeschreibung zum Ziel. Heute lasse ich das wohlweislich sein. Es macht mein Leben einfacher und bringt mich wesentlich schneller in all die segensreichen Momente, die Gott für mich bereithält. Wir bekommen nicht immer das, was wir wollen. Doch wir bekommen immer das, was uns zum größten Segen gereicht. Wie heißt es doch: Die Wege des Herrn sind unergründlich. Doch sie sind immer sensationell gut und bieten uns stets die Chance auf einen Neuanfang.

Auch in der Bibel finden sich beeindruckende Geschichten über Menschen, die einen Neuanfang erlebt haben, den sie so mit großer Wahrscheinlichkeit nicht erwartet hatten. In den vielen christlichen Vorträgen, die ich von Zeit zu Zeit als eine Art Gottesdienst genieße, haben mich die folgenden Beispiele sehr inspiriert. Auch wenn diese Menschen vor Hunderten von Jahren lebten – ihre Geschichten sind in der heutigen Zeit wichtiger denn je.

Da gibt es zum Beispiel die Geschichte von Ruth, einer unermüdlich hart arbeitenden Witwe, die allein und ohne Heimat war. Sie bekam am Ende mehr, als sie jemals zu hoffen gewagt hatte. Sie heiratete einen der reichsten Männer der Gegend, in der sie lebte, und ihr Name ist für alle Zeit im Stammbaum Jesu aufgeführt.

Dann war da Moses. Einen Teil seiner Geschichte habe ich schon erzählt. Doch wusstest du, dass – obwohl er nicht wirklich ersichtlich das Potenzial dazu hatte – er von Gott berufen wurde, ein ganzes Volk zu führen? Er wird heute als eine Art Held der Bibel gefeiert, und wenn du seine ganze Geschichte liest, wirst du erkennen, dass seine Anfänge alles andere als erbaulich waren. Er »verharrte« aufgrund verschiedener Ereignisse vierzig Jahre in der Wüste, und dann diese Wendung.

Und David: ein Hirte ohne großartige Aufstiegschancen. Er wurde zum König von Israel gesalbt. Sehen wir uns Petrus an: Aus Angst legte er ein vollkommen feiges und mehr als schändliches Verhalten an den Tag und verriet den Herrn. Doch Petrus wurde vergeben, und es ist zu lesen, dass er am Ende zu Pfingsten predigte.

Obwohl Paulus sich auf einem fehlgeleiteten religiösen Weg befand und die ersten Christen sogar verfolgte, wurde er durch die Gnade Gottes verwandelt und schrieb später einen Großteil des Neuen Testaments. Welch Wandlung und Neuanfang. So gibt es unzählige Geschichten in der Heiligen Schrift, die von wirklich spektakulären Neuanfängen berichten. Geschichten, die der Lektion 79 aus *Ein Kurs in Wundern* eine essenzielle Bedeutung geben. »Zeige mir das Problem, damit es gelöst werden kann.«

Wenn wir Gott in unser Leben einladen oder vielmehr wenn wir unser Leben in seine Hände legen und um Vergebung bitten, dann ist uns vergeben. Denn dieses göttliche Prinzip gilt für jeden. Wenn du es zu deiner Wahrheit werden lässt, dann bedeutet das, dass diese Gnade auch jedem Menschen, der jemals dein Leben berührt hat – im Guten wie im Schlechten –, zugänglich ist.

Lass deine Vergangenheit hinter dir, gleich jetzt, wenn du es willst. Für die Liebe ist das kein Problem. Bevorzugst du es jedoch, an deiner Vergangenheit kleben zu bleiben wie eine Biene am Honig, dann macht dich das nicht nur unversöhnlich, sondern lässt dich im schlimmsten Fall vor lauter Groll verbittern.

Unversöhnlichkeit mit der Vergangenheit erschöpft jeden Menschen auf Dauer. Unversöhnlichkeit und Groll sind wie Gift in unserem Körper und lassen auf Dauer jeden Menschen emotional, physisch und/oder spirituell bankrottgehen.

Es ist deine Entscheidung. Und solltest du nach dem letzten Kapitel noch gezögert haben, weißt du ja jetzt, dass du jederzeit neu entscheiden kannst. Gott hat Geduld, und, wie gesagt, ein unerschöpfliches Kontingent an Neuanfängen steht für dich bereit. Ich für meinen Teil habe in einem Moment entschieden, dass ich keine Zeit mehr habe, mir Zeit zu lassen. Auch wenn ich weiß, dass wir im Prinzip über hundert Jahre alt werden können, habe ich mich jetzt dafür entschieden, mir jetzt meine Freiheit zu nehmen, indem ich es Gott überlasse zu richten. Und er ist ein gerechter Gott.

Jeder Mensch hat seine eigene Geschichte und seine eigene Wahrheit. Dessen bin ich mir nicht nur bewusst, sondern dies zu akzeptieren ist mir ein Selbstverständnis. Sprechen wir darüber, dass Vergebung stark macht und uns den Segen der Freiheit bringt, dann sollten wir in dieses Selbstverständnis auch die Tatsache mit einbeziehen, dass jede Wahrheit immer nur einen Ausschnitt des Ganzen zeigt. Mit Robert Dilts Worten: »Die Landkarte ist nicht das Gebiet.« Jede Wahrheit ist veränderbar, hat ihre eigenen Modalitäten und ist im Grunde doch nur eine Illusion. Das Einzige, was wirklich real ist, ist die Liebe, ist Gott.

Im Jahre 2009 habe ich zu diesem Thema einen Vortrag in Augsburg gehalten. In diesem Vortrag wies ich genau darauf hin und auch darauf, dass wir als Menschen verschiedene Bewusstseinsebenen haben. Einfach dargestellt verfügen wir über ein Körperbewusstsein, ein Ich-Bewusstsein, das gerne vom Ego besetzt wird, und im Kern das sogenannte Quellenbewusstsein. Ich fuhr fort, indem ich ergänzte, dass anhand dieses Modells der Bewusstseinsebenen jeder Mensch einen göttlichen Funken in sich trägt. Gott erfährt sich mit seiner Liebe durch seine Schöpfung Mensch.

Dieser göttliche Funke leuchtet bei dem einen Menschen sehr hell, bei anderen vermag er durch das aufgeblasene Ego kaum sichtbar oder vernebelt zu sein. Da ich schon immer gerne die Menschen aufgerüttelt habe, um sie denkend und fühlend zu machen, bediene ich mich im besagten Vortrag des Beispiels von Adolf Hitler. Da mir bei meiner Ausführung über den göttlichen Funken alle Zuhörer im Saal recht gaben, erwähnte ich, dass, wenn das so ist und jedem Lebewesen dieser Funke innewohnt – das dann auch auf Adolf Hitler zuträfe. Nach all den Grausamkeiten, die die Welt durch diesen Mann erfahren hat, all dem Schmerz und nachhaltigen Kummer, bedarf es an dieser Stelle wohl kaum des Hinweises, dass dieses Beispiel eine hochexplosive Ladung an Bord hatte. Dessen war ich mir jedoch mehr als bewusst. Was ich zu diesem Zeitpunkt nicht wusste, war, dass im Auditorium eine ältere Frau saß, deren Eltern und einige nahestehende Verwandte Opfer dieser grausamen Zeit waren und im KZ Buchenwald ums Leben gekommen waren. Als es während meines Vortrags zu einem kurzen Blickkontakt mit dieser Dame kam, hätte ihr Blick – wenn er hätte töten können – mir augenblicklich mein Lebenslicht ausgeblasen. Doch Gott hat mich für diese Form von Dienst berufen, und es ist mir eine Herzensangelegenheit, so vielen Menschen wie nur möglich das Gefühl dafür zu vermitteln, dass es keinen Sinn hat, an altem Schmerz und Leid festzuhalten, da wir sonst niemals in den Genuss von wahrem inneren und äußeren Frieden kommen werden. So fuhr ich in meinen Ausführungen fort. Ich erklärte, dass wahre Vergebung rein gar nichts mit den Ebenen des Körper- oder des Ich-Bewusstseins zu tun hat und dass ich aus eigener Erfahrung wüsste, dass das Verhalten der Menschen oft schlicht und ergreifend unentschuldbar ist. Fokussieren wir uns jedoch auf das Verhalten eines Menschen, drehen wir uns im Kreis. Wir finden vielleicht Lösungen für bestimmte Situationen, doch sind diese nur temporär, da wir auf derselben Ebene »rumoperieren«, auf der das Problem entstanden ist.

Die Lösung liegt darin, endlich wieder frei zu sein und sich dabei von Gottes Gnade leiten zu lassen und den Fokus auf den göttlichen Funken im anderen zu lenken. Ganz egal, wie winzig und fast unscheinbar dieser Funke auch für uns sein mag. Wir sollten stets daran denken, dass alles, worauf wir unseren Fokus und damit unsere Energie lenken, mehr wird.

Indem wir mit Gottes Hilfe aus ganzem Herzen vergeben, ist es uns möglich, das innere Gefängnis zu verlassen und uns unsere Freiheit wiederzuholen. Durch diesen Prozess entziehen wir dem Peiniger dazu noch die Macht über uns und unser Leben. Wir ermächtigen uns, und die Lektion und Erkenntnis, die in der jeweiligen Situation auf uns warten, werden uns zuteil. Eine Erkenntnis, die uns immer zum höchsten Segen gereichen wird. Ein Teil der Erkenntnis besteht darin, zu erkennen, dass jeder Mensch in meinem Leben die spiegelbildliche Entsprechung eines Teils in mir ist. Mit dieser Erkenntnis gelangen wir einen Schritt weiter auf dem Weg von der Vergebung zum Mitgefühl. Gott vergibt, sobald wir unser Leben in seine Hände legen. Aus menschlicher Sicht birgt Vergebung die Gefahr von Wertung und Verurteilung. Es besteht die Gefahr, dass wir uns über den anderen stellen und so zum Richter über »Gut und Schlecht« machen. Doch für Gott ist jedes Verhalten gleich-wertig, und er vergibt und vergisst in einem Moment. Die Liebe ist bedingungslos und stellt keine Anforderungen. Je mehr uns bewusst ist, in den großen wie in den kleinen Momenten, dass wir ein Ausdruck dieser Liebe sind, desto mehr wird Vergebung zu unserem Selbstverständnis, und wir lernen Mitgefühl für die Schöpfungen zu entwickeln, die unserem Bewusstsein entsprungen sind. Wir sind frei – und wir entlassen sie in ihre Freiheit. Um diesen Weg gehen zu können, bedarf es gewiss für viele von uns einer neuen Perspektive. Solange wir unwillig sind, wahre Vergebung in Empfang zu nehmen, wird ein wichtiges Stück unserer Selbstermächtigung weiter in den Händen genau der Menschen liegen, durch die wir Schmerz und Leid erfahren haben. Dann sind wir nur augenscheinlich frei, leben jedoch in Wahrheit weiter in unserer inneren Gefängniszelle.

Am Ende meines Vortrags kam die Frau, deren Blicke mich fast getötet hätten, direkt auf mich zu. Augenblicklich wurde mir mulmig, doch ich blieb standhaft. Direkt vor mir blieb sie stehen und verweilte eine gefühlte Ewigkeit mit ihrem Blick in meinem und schwieg. Dann brach sie mit folgenden Worten die Stille zwischen uns:»Liebste Angela, zu Beginn Ihres Vortrags hätte ich Sie am liebsten geschlagen, und noch lieber hätte ich den Raum verlassen. Ich dachte unentwegt, diese Göre hat doch keine Ahnung von dem, was damals passiert ist, und maßt sich hier an, mir solche Behauptungen quasi mitten ins Gesicht zu sagen. Doch ein Teil in mir wollte bleiben ...« Tränen flossen über ihre Wangen, und auch in mir begann alles zu beben. Sie sprach weiter:»Jetzt kann ich sagen, dass ich voller Dankbarkeit bin, dass ich bleiben konnte. Auch wenn ich noch nicht mit allem, was Sie gesagt haben, konform gehen kann. Zum ersten Mal seit langer, langer Zeit fühle ich so etwas wie ... nein, ich fühle es noch nicht wirklich, doch ich habe eine Idee davon bekommen, wie sich dieser von Ihnen verkündete Frieden in meinem Herzen anfühlen wird.«

Ich nahm sie wortlos in die Arme, und wir beide verweilten in dieser Umarmung eine ganze Weile.

Wann immer ich seitdem gebeten werde, als Sprecherin auf einer Konferenz oder ähnlichen Veranstaltungen zu reden – und dabei ist es ganz egal, wie das eigentliche Thema lautet –, führt mich Gott dahin, mit den Menschen genau über das zu sprechen, worauf er mich viele Jahre vorbereitet hat. Alles begann schon damals als kleines Mädchen mit der großen Sehnsucht im Herzen. Wir haben immer die Wahl, unser Leben als Ungerechtigkeit und Strafe zu betrachten oder als hervorragenden Lehrmeister, der uns durch Gottes Gnade zu der Version unserer selbst werden lässt, die Gott schon lange vor unserer Zeit in uns gesehen hat.

Du kannst mir glauben, ich habe diverse Neuanfänge gestartet. Gescheitert bin ich immer dann, wenn ich es aus eigener Kraft oder aufgrund eines diffusen Gefühls, es tun zu müssen, in mir getan habe.

Am Anfang war mir schnell klar, dass gewisse Dinge gar nicht funktionieren konnten, da ich noch viel zu sehr an der Vergangenheit festklebte. Doch später habe ich dann oft gezweifelt, wenn ich das Gefühl hatte, dass ich dem Wunsch Gottes entspreche, aber das Ergebnis fern von meinen Vorstellungen lag.

Zum Abschluss dieses Kapitels möchte ich dir ans Herz legen, dass du dir noch einmal Zeit für das hier Gelesene nimmst. Keine Kompromisse mehr. Reflektiere genau für dich, wo du noch immer an Vergangenem festhältst. Wo du unversöhnlich mit einer Situation oder einem Menschen oder dir selbst bist. Manchmal denke ich, Letzteres ist am schwierigsten. Doch dann erinnere ich mich, dass ich in einem Spitzenteam mit einem Spitzencoach das Spiel meines Lebens spiele. Und so lege ich jeden Abend alle meine Anliegen in die Hände des besten Coaches der Welt: in Gottes Hände! Gerne überlasse ich es ihm, mir den Lösungsweg aufzuzeigen. Was natürlich impliziert, dass ich die Bereitschaft habe, in seinem Sinne in Bewegung zu gehen. Damit ich jedoch weiß, was Gott will, dass ich tue, damit sich die eine oder andere Situation in meinem Leben verbessert, wende ich jeden Morgen das Gebet aus *Ein Kurs in Wundern* an.

Der *Kurs* sagt:»Gottes Plan aber wird gelingen. Er wird zur Befreiung und Freude führen. Indem wir uns daran erinnern, wollen wir unsere Zeit darauf verwenden, Gott zu bitten, uns SEINEN Plan zu offenbaren.«

Darum frage ich Gott jeden Morgen ausdrücklich:

> Was möchtest du, dass ich tue?
> Wohin möchtest du, dass ich gehe?
> Was möchtest du, dass ich sage und zu wem?

Dieses Gebet verbindet mich jeden Tag aufs Neue mit der unendlichen Quelle der Inspiration und allen kreativen Lösungen
und wird auch dir diesen wegweisenden Dienst erweisen.
Da dieses Kapitel schon für sich auf den Punkt bringt, was
ich dir mitteilen möchte, füge ich an dieser Stelle statt einer Zu-
sammenfassung noch einen kleinen Exkurs über das Zellbewusstsein an.

Das Zellbewusstsein – Speicher unserer Wahrheit

Die Ebene des Körper- oder Zellbewusstseins speist die Wahrnehmungsfilter unseres Verstandes über die Sinne(sorgane), mit
denen wir unsere Umwelt wahrnehmen. Über die Hauptsinne –
Sehen, Hören, Riechen, Schmecken und Fühlen – bekommt der
Verstand eine Idee von dem, was er zu sein meint. Aufgrund der
im Zellgedächtnis gespeicherten Erinnerungen und Emotionen
denkt sich der Verstand unter der Herrschaft des Egos eine Geschichte über sich selbst aus. Diese Geschichten erzählen in der
Regel davon, dass wir getrennt sind von Gott, und nähren den
Glauben an die Angst. Je mehr es dem Ego gelingt, sich durch
diese Geschichten aufzublasen, desto weniger kann unser inneres Licht leuchten. In jeder einzelnen Körperzelle sind alle
Überzeugungen und Glaubenssätze als eine Art Lebenspro-
gramm gespeichert. Aus diesem Programm heraus agiert unser
Verstand und kreiert seine eigene Wahrheit. Meine Wahrheit
hat dabei genauso viel Berechtigung wie deine Wahrheit. Diese

Vorannahme ist für mich für ein bewusstes Leben unabdingbar. Wenn ich der Theorie Glauben schenke, dass ich meine eigene Wirklichkeit erschaffe, bin ich auch für diese Wirklichkeit verantwortlich. Und dann bin ich es auch, der sie jederzeit korrigieren kann.

»Ich achte mich und ich achte dich.« Jeder hat seine eigene Wahrheit, die es zu achten gilt. Und dennoch ist jede Wahrheit immer nur ein Ausschnitt des Ganzen.

Das Einzige, was hingegen wirklich real ist, ist die Liebe. Mit ihrer Hilfe können wir in Sekundenschnelle jede Form von traumatischer Zellerinnerung energetisch aus unserem feinstofflichen Körper lösen und transformieren. Unser physischer Körper braucht dafür etwas länger, da es sich hierbei um eine viel dichtere Masse handelt. Der Körper besteht aus Milliarden von Körperzellen, und jede einzelne hat ein Gedächtnis, in dem alle Erinnerungen gespeichert sind. Die Hauptzentrale dieses Netzes an Erinnerungen sitzt in unserem Gehirn, im Bereich des Hypothalamus. Diesen können wir uns vorstellen wie ein Fotoalbum. In unseren Zellen befinden sich die emotionalen Erinnerungen und im Hypothalamus die dementsprechenden Bilder.

Unsere Körperzellen dagegen können wir uns vorstellen wie eine Schulklasse. Es gibt hier jene Schüler, die schnell lernen und aufmerksam sind; dann gibt es die etwas langsameren. Nicht zu vergessen die »Faulen«. Alle Zellen kommunizieren unaufhörlich miteinander. Beginnen wir also damit, unser Zellgedächtnis zu »rebooten«, bekommen das die fleißigen, schnellen Schüler als Erste mit. Doch die langsamen und faulen Zellen brauchen einen Moment, bis sie merken, dass hier gerade groß reinegemacht und eine neue Überzeugung und Art zu leben installiert wurde. Das kann dazu führen, dass unser Ego, obwohl wir uns darin üben, unsere Aufmerksamkeit auf die Liebe statt auf die Angst zu lenken, durch die hinterherhinkenden Zellen immer noch die Chance hat, uns alte Geschichten zu erzählen. Darum ist es auch keine einmalige Sache, sich der Liebe zuzuwenden ... sondern eine täglich neu zu treffende Entscheidung. Beziehungsweise eine Entscheidung, die in jeder Situation wieder neu gewählt werden darf. Es braucht schon eine gewisse Zeit, bis ein neues Verhalten oder besser eine neue Art zu leben sich in uns und durch uns wirklich etabliert hat.

Das soll jetzt bitte keine Entschuldigung für eventuelle Wiederholungsschleifen sein, sondern eher eine Ermutigung, dranzubleiben und nicht aufzugeben. Bei diesem Prozess schlägt Kontinuität Geschwindigkeit.

Auch unser Menschsein als solches lässt uns manchmal Gefahr laufen, alte, schon längst gelöste Emotionen und Erinnerungen wieder in unser Bewusstsein zurückkehren zu lassen. In dem Moment, in dem wir das »Opferland« verlassen, braucht es unsere Disziplin, damit wir nicht durch unbedachtes Verhalten wieder genau darin landen. Da reicht es schon, wenn wir über Vergangenes so intensiv reden, dass alte Gefühle in uns aufsteigen. Jedes Mal, wenn du einen Aspekt deiner Geschichte erzählst und beginnen könntest, zu weinen oder vor Wut aus der Haut zu fahren, hast du die Vergangenheit wieder zu deiner Gegenwart gemacht. Denn deine Gedanken und Gefühle sind die schöpferische Kraft, die deiner Wahrheit Ausdruck verleiht. Da macht es keinen Unterschied, ob die Gefühle und Gedanken gerade eben erst aktiv wurden oder ob du sie reaktiviert hast, indem du dich intensiv mit Vergangenem beschäftigst.

Sei aus diesem Grunde achtsam, wenn sich eine alte Zellerinnerung samt dem dazugehörigen Gefühl wieder einschleichen will. Das Ego liebt solche fiesen Tricks. Dann – schwuppdiwupp – hat es dich wieder in seinen Fängen. Bitte deshalb ab heute – in Momenten, in denen es für dich oder einen anderen Menschen wichtig ist, eine vergangene Geschichte noch einmal Revue passieren zu lassen – Gott, dich dabei zu unterstützen, dass du darauf achtest, nicht wieder emotional in die Vergangenheit hineingezogen zu werden. Dann sprich über die Sache, als wäre es *eine* Geschichte, nicht *deine* Geschichte. Denke immer daran, dass es sich dabei nur um die Vergangenheit handelt, die es in Wahrheit nicht gibt, und erinnere dich, dass deine Realität die Liebe ist – die Liebe als deine Art, im Leben zu stehen. Der sicherste Weg ist allerdings, über vergangene Geschichten überhaupt nicht mehr zu reden. Zum einen sind sie ohnehin vorbei, und das Einzige, was du noch ändern kannst, ist die Art, wie du sie betrachtest. Und zum anderen bringt es weder dich noch einen anderen Menschen wirklich weiter, wenn du im Rahmen ganz gewöhnlicher Gespräche alte Dramen hervorkramst. Bitte Gott, dass du mit deinen Worten ab heute die Menschen in deinem Leben positiv »befüllst«. Ich liebe diese Wortwahl einer mir sehr lieben Freundin. Menschen mit Gottes Hilfe positiv befüllen. Allein der Gedanke lässt mich gleich ganz weit und leicht werden. Dich auch?

Ach ja, und lass dich bitte auch ab heute positiv befüllen. Umgib dich mit Menschen, die dir wohlgesinnt sind. Und wenn dich jemand fragt, wie es dir geht, und du gerade noch mit einem Fuß in einem Dilemma steckst, dann erlaube dir zu sagen, dass es gerade die eine oder andere Herausforderung in deinem Leben gibt und du weißt, dass du sie mit Gottes Hilfe erfolgreich meistern wirst. Nimm dir die Freiheit, nicht jedem Menschen alles, was dich berührt, haarklein zu erzählen. Versuche ab jetzt, diese Form des Small Talks zu meiden. Vor allem solange du in dir noch nicht so gestärkt bist, wie du es sein müsstest, um nicht Gefahr zu laufen, in ein schlechtes Gefühl abzudriften. Lenke ab jetzt ganz bewusst die Gespräche auf die Dinge, die dich und andere Menschen nähren. Menschen, die dich wirklich schätzen, werden das sehr wohlwollend annehmen und dich als einen ihr Leben bereichernden Gesprächspartner willkommen heißen.

Besonders hüte dich auch davor, schlecht über andere Menschen zu reden. Egal, was dir der Mensch angetan hat, es ist eine Sache zwischen ihm und dir. Da die Energie immer der Aufmerksamkeit folgt, bläst du, indem du über einen anderen schlecht redest, genau das Verhalten noch mehr auf, das dich verletzt hat.

Der andere bist auch immer du, und vielleicht kennst du den Satz: Wenn du mit einem Finger auf jemanden anderen zeigst – deutest du mit vier Fingern auf dich. Viel spannender ist es doch, Innenschau zu halten und dich von der Fehlwahrnehmung zu lösen, die die verursachende Situation zwischen euch erst möglich gemacht hat. Öffne dich für Wunder, als eine ganz natürliche Folge der Vergebung. Im *Kurs* heißt es, dass wir durch Wunder die Vergebung Gottes annehmen, indem wir sie auf andere ausdehnen.

Erinnere dich daran in den Momenten, in denen dir das Herz überläuft und sich der Mund auf Autopilot stellt. Frage dich immer, was die Liebe in diesem Moment sagen würde. Klatsch und Tratsch sind niemals Ausdruck der Liebe.

Meide Menschen, die deine Nähe nur aus dem Grunde suchen, weil es sich in deiner Gegenwart so schön jammern und klagen lässt.

Die Menschen, die dich als Sorgenmülleimer benutzen, sind genau dieselben, die dich mit Fleiß limitieren wollen, wenn du beginnst, in deinem Leben etwas zu verändern. Und das tust du, wenn du die Vergangenheit hinter dir lässt und einen Neustart wagst.

MIR BEWUSST SEIN

Schreibe deine persönliche Geschichte auf, indem du Erlebnisse, die dein Leben besonders geprägt haben, in chronologischer Reihenfolge erzählst. Bleibe objektiv und denke daran, dass es sich nur um die Vergangenheit handelt.

....

....

....

....

....

Jetzt schreibe in Stichworten über die Verletzungen, die dir Eltern, Liebespartner, Freunde oder andere Menschen bewusst oder unbewusst zugefügt haben. Dies hilft dir, ein Bewusstsein dafür zu entwickeln, ob du vielleicht unbewusst gern die Rolle des Opfers annimmst und welche Muster du in den jeweiligen Beziehungen bedienst.

....

....

....

....

Nun schreibe deine Geschichte noch einmal, ausschließlich aus einer positiven Perspektive, auf – also auf der Basis all der guten Dinge, die dir in deinem Leben widerfahren sind. Ziel dieser Übung ist es, deine Wahrnehmung bewusst auf das Positive zu lenken.

....

....

....

....

....

Nun frage dich: Welche Geschichte ist wahr beziehungsweise welcher Geschichte misst du die größere Bedeutung bei? Welche Auswirkungen hat die Wahrheit, der du mehr Bedeutung schenkst, bisher auf dein Leben gehabt?

....

....

....

....

....

Stell dir vor, es hätte all die Herausforderungen in deinem Leben nie gegeben, und auch jetzt gäbe es nichts, was dich davon abhalten könnte, dein Leben »in richtig« zu leben. Wie genau sähe dann dein Neuanfang aus? Was würdest du am liebsten tun?

....

....

....

....

....

Hiermit erkläre ich, dass ich meinen Geist ab heute positiv befülle und mich von den Gedanken der Niederlage oder des Versagens verabschiede. Durch den Glauben an die Liebe vermag ich Großes zu bewegen. Meine Freiheit will ich einsetzen und der Welt zum Segen gereichen.

Jetzt ist meine Zeit, und ich bin frei, die Chancen zu ergreifen, die ER mir bietet.

6

Sei bereit für Wunder

Das Wunder vergleicht, was du gemacht hast,
mit der Schöpfung, wobei es als wahr akzeptiert, was mit ihr
im Einklang steht, und das als falsch zurückweist,
was nicht mit ihr im Einklang steht.

50. GRUNDSATZ FÜR WUNDER AUS
EIN KURS IN WUNDERN

Das Gebet ist das Medium für Wunder, und die Meditation ist das Empfangen der wegweisenden Antwort, die uns Gott auf die verschiedensten Arten und Weisen sendet, damit das Wunder in unserem Leben Form annehmen kann. So wie das Wunder, das sich mir im Frühjahr 2014 offenbarte und von dem ich zutiefst überzeugt bin, dass es das Buch, das du gerade liest, erst möglich gemacht hat. Denn noch zu Beginn des erwähnten Jahres hatte ich mir selbst geschworen, dass ich, wenn überhaupt, meine Gedanken und Erfahrungen nur noch mit meinem Tagebuch teile. Die Erfahrungen der vergangenen Jahre hatten meine Energie und mein Engagement als Autorin für spirituelle Bewusstseinsentwicklung enorm gebremst. Als wahres »Stehaufmännchen« bekannt, war ich zu der Erkenntnis gekommen, dass ich an irgendeiner Stelle Gott komplett falsch verstanden haben musste. Es gab keine andere Erklärung für mich. Das niederschmetternde Ergebnis meiner Arbeit, die ich als Dienst für Gott verstanden hatte, stellte sich in Form eines gigantischen Minus auf meinem Bankkonto und eines desolaten Gesundheitszustands dar. Mein normalerweise immer durch Sport in Form gehaltener, schlanker Körper präsentierte sich mir im Spiegel leicht übergewichtig und aufgeschwemmt. Dazu kamen zwei Bandscheibenvorfälle im Lendenwirbelsäulenbereich und eine rapide fortschreitende Arthrose in beiden Knien. Von diversen Allergien und depressiven Verstimmungen ganz zu schweigen. Als bittere Krönung der Geschichte stand meine Beziehung mit Matthias so gut wie vor dem Ende. Doch erlaube mir, etwas auszuholen. Eine gute Geschichte besteht immer aus drei wichtigen Teilen: was war – was ist – und wo es mit großer Wahrscheinlichkeit hinführen wird. Dem Ist-Zustand soll mit meiner obigen Beschreibung Genüge getan sein. Zu dem »Was war« bedarf es jedoch ein paar erklärender Worte. Im Prinzip begannen die Vorbereitungen auf das, was sich im Frühjahr 2014 ereignete, schon im September 2007. Als Leiterin einer erfolgreichen Heilpraktiker-Schule widmete ich jede freie Minute meiner spirituellen und persönlichen Entwicklung. Ich hatte mit meinem Business eines der schönsten Bauwerke Augsburgs bezogen und fühlte mich gesegnet, da der Weg zwischen meinem privaten Zuhause und meinen Lehr- und Praxisräumen zu Fuß zurückzulegen war. Alles war wunderbar. Eine glückliche Ehe, zwei Töchter, die sich im letzten Drittel der Pubertät prächtig entwickelten. Finanziell nach langer Zeit wieder so gut wie sorgenfrei und beschenkt mit einem prachtvollen Exemplar von Familienhund. Nach und nach stellte ich mein Institut um: von lukrativer Heilpraktiker-Schule auf Seminarbetrieb für spirituelle und persönliche Entwicklung. Ich selbst hatte Gott durch meinen persönlichen Weg gefunden und folgte einer inneren Stimme, die mir sagte, dass es an der Zeit war, jene Menschen daran teilhaben zu lassen, für die meine Erkenntnisse segensreich waren.

Die ersten Seminare füllten sich schnell durch ehemalige Schüler und später durch Mund-zu-Mund-Propaganda quer durch den deutschsprachigen Raum. Im Jahr 2008 verbrachte ich gemeinsam mit Matthias einige Zeit auf Hawaii, wo ich, wie ich es gerne nenne, mein spirituelles Coming-out hatte. Durch einen unglaublich kraftvollen Prozess fiel ich auf Big Island mithilfe eines Heilers, der aussah wie der personifizierte Erzengel Michael, für Gott ins Vertrauen.

Von Stund an entschlossen, den Dienst für Gott in dieser Welt zu leisten, studierte ich gewissenhaft *Ein Kurs in Wundern* und ließ alle Erkenntnisse in meine Seminare und meine Arbeit als NLP-Trainerin einfließen. Das erste Buch entstand, sieben CDs wurden produziert, und ein Kartendeck rundete das ganze Projekt auf verheißungsvolle Weise ab. Es folgten drei Fernsehauftritte bei einem privaten Sender und diverse Auftritte als Sprecherin auf spirituellen Events. Alle Zeichen standen auf Erfolg auf ganzer Linie.

Doch dann verlor ich den Fokus und kam Millimeter für Millimeter von dem Kurs ab, den Gott für mich vorgesehen hatte. Obwohl ich wusste, dass es unklug war, kündigte ich von heute auf morgen die Räumlichkeiten meines Instituts und verrannte mich Kopf über Herz in die Idee, ein Seminarhaus haben zu müssen. Ein Seminarhaus irgendwo auf dem Land, in dem alle Seminarteiler auch übernachten und verköstigt werden könnten. Diese Entscheidung hatte in der Folge einen großen Einfluss auf mein gesamtes Leben – und zwar alles andere als im positiven Sinne.

Hatte mich das Buch-CD-Karten-Projekt schon mehrere Tausend Euro gekostet, da alles im Selbstverlag entstand, kam jetzt noch einmal mehr als die doppelte Summe dazu. Genau in dieser Zeit kam ein kleiner Verlag auf mich zu und bot mir an, mein erstes Buch in einer erweiterten Neuauflage herauszugeben. Bedingung: ein ordentlicher Druckkostenvorschuss von meiner Seite. Das Ende vom Lied: Ich blieb auf dem gesamten Kostenblock im wahrsten Sinne des Wortes sitzen.

Das Seminarhaus, das sich zwei Autostunden von meinem Zuhause entfernt auf dem Land befand, stellte sich als absolute Geldvernichtungsmaschine heraus und schien energetisch jeden, den ich zu meiner Unterstützung engagieren wollte, zu vergraulen – vom Zimmermädchen bis zum Koch. Am Ende arbeitete ich mehr oder weniger rund um die Uhr, um alles zu schaffen. Dann blieben selbst die Teilnehmer aus, da es auf der anderen Seite der Straße übel riechende Kuhställe gab. Die Kühe, die das Tageslicht nie sahen, hatten nur eine Aufgabe: Milch zu geben, die anschließend an einen großen Konzern geliefert wurde. Oft schrien die Kühe stundenlang und bis in die Nacht auf herzerweichende und jämmerliche Art und Weise. Lange habe ich mich gefragt, wie ich das bei meiner Wahl des Seminarhauses hatte übersehen oder vielmehr überhören können. Doch wenn der Teufel uns auf Abwege führt, dann sind wir schon mal »blind und taub« für die Dinge, die uns anders entscheiden lassen würden. Den Menschen, für die ihre Spiritualität und die damit verbundenen Werte keine Verhandlungssache waren, blieb nur die Entscheidung, an diesem Ort kein Seminar zu besuchen. Für mich bedeutete das, ein gigantisches Haus am Laufen zu halten, jeden Monat Tausende von Euros Pacht aufzubringen und auf einen guten Ausgang zu vertrauen. Augenscheinlich gefangen in einem Fünf-Jahres-Pachtvertrag, schlitterte ich Monat für Monat immer mehr in ein finanzielles Desaster und an das Ende meiner körperlichen und seelischen Kräfte. Meine Ehe hing zu dieser Zeit nur noch am berühmten seidenen Faden. In einem Anflug von blindem Aktionismus begann ich die Idee für mein Buch anderen, renommierten Verlagen anzubieten und bekam entweder keine Antwort oder Absagen. Ich wollte Schadensbegrenzung betreiben und machte alles nur noch schlimmer.

Jeder Tag gestaltete sich müßig und schwer, und so gab ich im Dezember 2012 vollkommen erschöpft auf. Endlich tat ich das, worauf Gott mich schon eine ganze Weile aufmerksam machen wollte: Ich legte das Problem in seine Hände, auf dass es gelöst werde. Und die Lösung folgte augenblicklich. Durch einen Formfehler, den vorher niemand entdeckt hatte, konnte ich vorzeitig aus dem Pachtvertrag aussteigen. Einvernehmlich zog ich noch im selben Jahr aus. Mit einem Verlust von mehr als fünfzigtausend Euro schloss ich die Türen hinter mir und fiel erst einmal erschöpft ins gefühlt Bodenlose. Es folgten in den darauffolgenden Monaten noch ein Buch in einem Schweizer Verlag und die Gründung eines Online-Unternehmens von Frauen für Frauen – beides sehr schmerzhafte und gleichzeitig sehr lehrreiche Erfahrungen. Im Prinzip handelte ich wie ein Ertrinkender, der, anstatt einmal die Füße still zu halten, immer weiterpaddelt.

Zeitgleich begann ich, nicht ganz uneigennützig, online Fernheilungen anzubieten. Einmal im Monat vollzog ich eine Heilungstrance, an der zum Schluss rund hundertfünfzig Menschen regelmäßig teilnahmen. Dennoch ging es im Januar 2014 für mich gesundheitlich und finanziell so steil bergab, dass ich wiederholt zu der Erkenntnis kam, dass ich Gott an irgendeiner Stelle absolut falsch verstanden haben musste. Und zwar nicht erst beim Start des Seminarhausprojektes. An mir waren so viele Menschen erfolgreich vorbeigezogen, und ich saß vor den Trümmern meines Lebenstraums, von dem ich gedacht hatte, dass Gott mich auf Hawaii dazu berufen hat. Durch meine Aufenthalte auf der hawaiianischen Insel war ich sehr vertraut mit dem Vergebungsritual des Ho'oponopono. Gefühlte hundert Mal durchlief ich dieses kraftvolle Ritual, und in einer der Meditationen empfing ich den Impuls, noch einmal einen allerletzten Fernheilungstag anzubieten. Inspiriert durch die Idee, dass wir die uns umgebenden Bewusstseinsfelder, die Matrix, wechseln können, entstand eine Fernheilung, deren Auswirkungen ich mir so nie hätte ausmalen können.

In einer einstündigen Session wechselte ich mit allen Teilnehmern von dem uns umgebenden Energiefeld aus Angst, Schwere, Sorgen, Nöten, Schmerz, Trauer und jeder Form von Mangel in das schöpferische und erfüllende Energiefeld aus Vitalität, Schönheit, Leichtigkeit, Freude, Liebe und finanzieller Freiheit. Ich kann mich noch heute daran erinnern, wie leicht es mir ums Herz war, nachdem ich die Fernheilung abgeschlossen hatte. Es fühlte sich in mir an, als hätte ich nicht meditiert, sondern zwei, drei Gläser Champagner getrunken. Voller Absicht und doch ohne Erwartung erfreute ich mich daran, das Bewusstseinsfeld gewechselt zu haben, und machte innerlich an alles Vergangene ein Häkchen. Adieu, altes Leben ... herzlich willkommen, was immer sich von jetzt an präsentiert!

»Der Mensch denkt, Gott lenkt. Der Mensch dachte, Gott lachte.« An diesen Spruch eines lieben Freundes habe ich an den darauffolgenden Tagen noch oft gedacht. Und ja, ich wollte nicht nur Gott, sondern auch mich wieder lachen hören.

Durch das intensive Studium des *Kurses* hatten sich mir einige Menschen angeschlossen. Einmal im Monat öffnete ich seit der Schließung des Seminarhauses unser privates Wohnzimmer für eine kleine Runde von Menschen, mit denen ich die Lektionen des *Kurses* in eine alltagstaugliche Umsetzung brachte. Diese Entwicklung verdankte ich einem persönlichen Gespräch mit der Bestsellerautorin Marianne Williamson, der ich im Sommer 2013 in Berlin persönlich begegnen durfte. Da die im *Kurs* vermittelten Prinzipien mittlerweile die Grundlage meines Lebens waren, ermutigte sie mich, diese essenzielle Lehre mit anderen Menschen zu teilen.

Die ursprüngliche Idee war es, dass die Wunder-Abende auf Spendenbasis stattfinden sollten, um mit den Spenden Menschen zu unterstützen, die sich meine regulären Seminare finanziell nicht leisten konnten. Jetzt waren die Spenden da, doch wollte ich unter keinen Umständen noch weiter in ein Business investieren, das, nach meinem aktuellen Stand, so nicht von Gott gewollt war. Ich war im Frieden mit mir und der Welt und glücklich, dass meine Beziehung zu Gott auf eine für mich neue Ebene gehoben worden war. Auch wenn die Menschen in meinem Umfeld mir immer wieder bestätigten, dass nur die Art, wie ich es getan habe, nicht Gottes Wille war. Dass aber das, was ich tat – nämlich Menschen dabei zu unterstützen, ihre Potenziale und Ziele zu erkennen, sie zu begleiten, damit sie die beste Version ihrer selbst werden, und das eben auf meine von Gott geprägte Art –, jedoch mit Sicherheit mein Weg sei.

Ihre Worte schmeichelten meiner geschundenen Seele. Doch war ich mir sicher, dass ich gut daran tat, ab jetzt mein Leben mit Gott jenseits der Öffentlichkeit zu gestalten. Immerhin war ich gesegnet mit einer wundervollen Familie, in der es ebenfalls nie langweilig wurde. Und eines war klar: Matthias war nicht mehr bereit, noch einen einzigen Cent in irgendein spirituelles Projekt zu investieren. Also nahm ich mir vor: ein letzter Workshop noch, finanziert durch die Spendengelder, und dann ein für alle Mal die Türen meines Unternehmens schließen. Loslassen, was mir kein Glück gebracht hatte.

Im April 2014 war es so weit. Der letzte Workshop fand statt, der als Kernstück die Kunst der energetischen Wirbelsäulenaufrichtung haben sollte. Ein Paar, das wir schon länger kannten, bekam diesen Zweitagesevent von uns aus dem angefüllten

Spendentopf »subventioniert«. Wir machten Christine und Falk damit sehr glücklich, und es formierte sich schnell eine illustre letzte Teilnehmergruppe. Meinen Gesundheitszustand zu diesem Zeitpunkt habe ich dir ja schon am Anfang meiner Wundergeschichte mitgeteilt. Grauenhaft! Und du kannst dir mit Sicherheit vorstellen, dass, wenn du als Seminarleiter vor lauter Schmerzen nicht in der Lage bist, dir die Schuhe selbst zu binden, das Ganze eher zu einer »Ego-Diät« als zu einer dich erfüllenden Arbeit wird. Die zwei Tage gestalteten sich dennoch bis zum Schluss sehr harmonisch und für alle sehr unterstützend. Am zweiten Tag kam in der Pause das oben erwähnte Paar zu mir und Matthias in die Küche. Ohne Umwege sprachen sie mich direkt auf meinen körperlichen Zustand an und erzählten mir irgendwelche Dinge zum Thema Zelle, Ernährung und finanzielle Freiheit. Ich verstand kein Wort und verbat mir jede weitere von mir nicht erwünschte Information. Mehr als verärgert, forderte ich sie recht grob auf, mich den Rest des Seminars mit solchen Dingen nicht mehr zu behelligen. »Als wüsste ich nicht, wie man sich richtig ernährt!«, konterte ich. So egozentrisch und erzürnt wie in diesem Moment hatte mich Matthias während eines Seminars noch nie erlebt. Und ich mich selbst auch nicht. Mir war mein eigenes Verhalten fremd. »Ihr beiden strahlt zwar wie eine Hundertwattbirne, ohne Frage, doch alles, was ihr sagt, klingt in meinen Augen dubios. Lasst mich bitte damit in Ruhe und strahlt an einem anderen Ort weiter«, erstickte ich jedes weitere Gespräch mit Christine und Falk schon im Keim. Und was soll ich sagen?

Ohne Groll ließen die beiden von ihren Ausführungen ab, gingen tatsächlich in den Nachbarraum und strahlten dort weiter.

Als ich ein paar Tage später, dieses Mal aus professionellem Mund, noch einmal denselben Hinweis in puncto Ernährung und finanzieller Freiheit präsentiert bekam, durchfuhr es mich, und mir wurde augenblicklich klar, dass es besser für mich wäre, jetzt genauer hinzuhören. Diesen Tipp möchte ich dir an dieser Stelle gerne ans Herz legen. Wenn Gott für dich eine Lösung bereithält und dich wieder auf Kurs bringen möchte, dann bedient er sich gerne schon einmal der Menschen in deinem Umfeld als Sprachrohr. Sollte also zwei- oder mehrmals ein und dieselbe Botschaft, jeweils durch verschiedene Menschen, an dich herangetragen werden, lautet meine Empfehlung: Hör einfach mal hin.

»Gott aber kann viel mehr tun, als wir jemals von ihm erbitten oder uns auch nur vorstellen können. So groß ist seine Kraft, die in uns wirkt.« (Epheser 3,20)

Fairness und Loyalität sind mir zwei wichtige Werte, und so rief ich umgehend Christine und Falk an. Denn sie hatten mich als Erste auf die Chance hinweisen wollen, die dann meines und das Leben meiner Familie auf die positivste Art und Weise um 180 Grad gedreht hat. Wir sind den beiden heute noch unendlich dankbar dafür, dass sie sich als göttliches Sprachrohr zur Verfügung gestellt haben.

Das Wunder geschah, als ich in einem Moment dem Ego den Rücken zuwandte und bereit war hinzuhören. Die Liebe nahm mich an die Hand, und wir durchschritten gemeinsam eine Tür, hinter der ich das angekündigte Wunder in seiner Gänze in Empfang nahm.

Mein ganzes Leben und vor allem erst einmal mein Körper erfuhren eine rigorose Veränderung: Innerhalb von nur acht Wochen verlor ich die überflüssigen, im Laufe der Jahre angesammelten fünfzehn Kilo, wurde vital wie ein junger Hüpfer, und wie durch Zauberhand reorganisierte sich in der Folge meine gesamte Wirbelsäule und im Weiteren mein gesamter Bewegungsapparat samt Knien. Mein beziehungsweise unser Leben gestaltet sich seit dieser Zeit von Tag zu Tag freier und reicher. Und das nicht nur in Bezug auf die körperliche Ebene, sondern in allen Bereichen des Lebens.

Nur einige Monate nachdem ich hingehört hatte, lud mich Lumira Weidner, eine erfolgreiche Autorin, zur Mitarbeit an ihrem aktuellen DVD-Projekt ein und beschenkte mich mit den Worten:»Angela, ich habe dich ein wenig beobachtet und bin zu dem Ergebnis gekommen, dass du zu den wenigen authentischen Menschen gehörst, die sich in meinem Berufsumfeld aufhalten. Es wäre mir eine Freude, dich auf meiner aktuellen DVD mit dabeizuhaben.« Lumira und ich waren uns im Laufe der Jahre zweimal auf einer Messe begegnet. Ich war davon überzeugt gewesen, dass sie mich überhaupt nicht ernsthaft wahrgenommen hatte. Die Dreharbeiten mit Lumiras Mann und ihrem Team waren ein purer Genuss und der Start in eine mir sehr wertvolle Freundschaft.

Durch die Premierenfeier zur DVD lernte ich dann im darauffolgenden Sommer die Leiterin des Verlages kennen, der Lumiras Bücher und DVDs veröffentlichte. Es passte vom ersten Moment zwischen uns. Als sie mich im Sommer 2016 anrief und mich um ein Gespräch für ein mit mir geplantes Buchprojekt bat, hat sie meinen Freudensprung leider nicht sehen können. Das Versprechen mir selbst gegenüber, nie mehr als professionelle Autorin zu schreiben, konnte ich gut lösen und mir selbst verzeihen. Kurze Zeit später unterschrieb ich den Vertrag. Das Thema, das sich der Verlag von mir wünschte, wurde gewiss schon vor viel längerer Zeit an ganz anderer Stelle festgelegt. Zumindest in meiner Wahrheit.»Vergebung macht stark« – das Buch, das du gerade in Händen hältst.

Als ich den Vertrag für dieses Buch unterschrieb, wusste ich, dass alles das, was passiert war, passieren musste, damit ich ein für alle Mal meine Vorstellung davon loslassen konnte, wie sich mir mein spiritueller Weg zeigen sollte. Gott wollte nicht, dass ich als Hotelier ein großes Seminarhaus führte. Meine Aufgabe ist es auch nicht, als Heilerin oder Engelmedium durch die Lande zu ziehen oder was mir sonst noch so alles in den letzten Jahren eingefallen ist, um in meinen Augen »wer« zu sein. Legitimiert, das Wort der Liebe zu verkünden. Und letzten Endes geht es doch mehr oder weniger genau darum, wenn wir meinen, dass wir es besser wüssten als der, der in Wahrheit schon vor unserer Geburt alles von uns weiß: Gott. Und Gott will uns genau so, wie wir sind. Er will, dass wir unseren Dienst mit Freude tun. Er will, dass wir das Leben genießen und gerne mit ihm sind. Wir sind schon »wer«, von Anfang an.

»Du bist tatsächlich wesentlich für Gottes Plan. Ohne deine Freude ist seine Freude unvollständig. Ohne dein Lächeln kann die Welt nicht erlöst werden.« *(Ein Kurs in Wundern)*

Mir ist es jedoch ein Anliegen, dass hier kein Missverständnis entsteht. Mit Gott seinen Weg zu gehen bedeutet nicht, dass wir uns in den Liegestuhl legen und den lieben Gott einen guten Mann sein lassen. Mit Gott seinen Weg gehen kann sogar, wie in meinem Fall, bedeuten, dass du mehr arbeitest als jemals zuvor. Der Unterschied ist: Wenn du deinen Platz in dieser Welt eingenommen hast, dann hast du ein klares Ziel, und diese Zielvorstellung gibt dir nicht nur unendlich viel Energie und lässt dich zu einer Quelle der Inspiration und Kreativität werden. Diese Zielvorstellung hat zudem eine magnetische Kraft, die dich morgens förmlich vor Freude aus dem Bett springen lässt. Weil du es gar nicht abwarten kannst, die nächsten Instruktionen von Gott zu erhalten, die von dir für einen weiteren, dich und die Menschen um dich herum bereichernden Tag ausgeführt werden wollen. Jeder Tag wird zu einem Wunder, wenn du erkennst, dass sie eine ganz natürliche Äußerung der Liebe sind.

Der *Kurs* sagt: »Wunder heben die Vergangenheit in der Gegenwart auf und befreien auf diese Weise die Zukunft.«

Darum lass dich nicht ablenken durch die Geschichten, die der Teufel, das Ego, dir erzählt. Lass dich gerne von anderen Menschen inspirieren, doch versuche nicht, wie sie zu sein. Jeder von uns ist ein Unikat. Wir sind Gottes einzigartiger Fingerabdruck. Du kannst darauf vertrauen, dass es genau du bist, den Gott an der Stelle haben will, die für dich vorgesehen ist. Lass dich auf deinem Weg nicht ablenken von Versprechungen, die das schnelle Geld verheißen. Gott wird immer und zu jeder Zeit gut für dich sorgen. Vorausgesetzt, du lässt ihn. Du solltest auch nicht jeder Modewelle nachjagen und dich und dein Tun gleich infrage stellen, wenn das Leben dir hier und da kleine oder große Versuchungen vor die Füße legt. Vielleicht ist der größte Dienst, den du dieser Welt erweisen kannst, genau das, was du gerade tust. Und das Wunder, auf das du wartest, ist die Entscheidung, es ab jetzt mit unerschütterlicher Liebe und in vollem Vertrauen auf dich zu tun. Ganz auf deine Art. Ohne dich kleinzumachen oder deine Position zu degradieren. Du bist wichtig und richtig genau so, wie du bist.

Ebenso destruktiv ist es, einen anderen Menschen zu überhöhen. Alles ist gleich-gültig. Jede Position auf dem Spielfeld Gottes hat dieselbe Wertigkeit. Dieser Art von besonderen Beziehungen werden wir uns im Verlauf der nächsten Seiten noch widmen. Denn für einen wirklichen Wandel in dieser Welt sollte es unser Ziel sein, gleichwertigen und erfüllenden Beziehungen Raum zu geben.

Gehe entschlossen deinen Weg, so wie er sich dir durch die Liebe Gottes zeigt. Bedenke immer, dass du wichtig bist für Gottes Plan.

Liebe und Frieden beginnen in dir. Darum hüte dich davor, dich ablenken zu lassen. Bleib dir selbst treu. Sei ganz du. Wir sind nicht hier, um immer heiliger und engelhafter zu werden – sondern bewusster und authentischer.

Ich liebe dazu die Worte aus Sprüche 4,25: »... auf meine Worte achte, meinen Reden neige dein Ohr zu! Lass sie nicht aus deinen Augen weichen, bewahre sie im Inneren deines Herzens! Denn Leben sind sie denen, die sie finden, und Heilung für ihr ganzes Fleisch. Mehr als alles, was man sonst bewahrt, behüte dein Herz! Denn in ihm entspringt die Quelle des Lebens. Lass weichen von dir die Falschheit des Mundes und die Verdrehtheit der Lippen entferne von dir. Lass deine Augen geradeaus blicken und deine Blicke gerade vor dich gehen! Gib acht auf die Bahn und all deine Wege seien geordnet.«

Und passend dazu als kleine Erinnerung an die Feigenbaum-Metapher aus dem ersten Kapitel: »... und die Sorge der Welt und der Trug des Reichtums und viele andere Lüste gehen hinein und ersticken das Wort, und es bleibt ohne Frucht.« (Markus 4,19)

Ich vertraue dir und ich glaube an dich, so wie ich an die Kraft des Wunders glaube. Und wie du längst weißt, sind Wunder ein ganz natürliches Zeichen der Vergebung.

Auf den Punkt gebracht

Wenn sich dir das Leben als eine Anhäufung von kleinen und großen Widrigkeiten zeigt, dann halte inne und leite, wenn nötig, eine Kursänderung ein. Gott verleiht keine Bonuspunkte, wenn wir uns für ihn aufarbeiten und ihm beweisen wollen, dass wir besonders gute und fleißige Kinder sind. Es dient weder uns noch der Welt, noch Gott, wenn wir uns für unseren Dienst aufreiben und am Ende kaum noch Freude am Leben haben. Im Grunde genommen ist das eher ein sicheres Indiz dafür, dass das Ego seine Hände im Spiel hat. Gott ist Liebe, und der Liebe

Folge zu leisten ist stets gepaart mit einer gewissen Mühelosigkeit. Was nicht heißt, dass es nicht viel zu tun gibt. Doch wird sich unter der Führung der Liebe immer alles harmonisch fügen und in keiner Weise psychischen oder körperlichen Stress verursachen. Dabei unterliegt alles, was wir tun oder tun sollen, einem göttlichen Timing.

»Lasst uns aber Gutes tun und nicht müde werden, denn zu seiner Zeit werden wir auch ernten, wenn wir nicht nachlassen«, heißt es in Galater 6,9. Legt Gott uns einen Wunsch in unser Herz, ist es nicht unsere Aufgabe, die Erfüllung dieses Wunsches zu forcieren. Das macht überhaupt keinen Sinn, da alles im Leben einem göttlichen Timing unterliegt. Wenn sich in unseren Augen die Erfüllung eines Wunsches verzögert, liegt es entweder daran, dass unser Wunsch mit dem, was Gott für uns vorgesehen hat, nicht übereinstimmt oder dass uns noch wesentliche Erkenntnisse fehlen, die seiner Erfüllung dienlich sind. Wir dürfen lernen, zu vertrauen und uns in Geduld zu üben, weniger ziel- als vielmehr prozessorientiert zu leben. Gott vergisst uns nicht.

Meine Erfahrung hat mir gezeigt, dass wir, wenn die Widerstände immens zunehmen, tatsächlich dem Sieg ganz nah sind. Egal, in welche Richtung wir uns verändern wollen, es wird immer Menschen geben, die uns diese Entscheidung madigzumachen versuchen. Genauso wird es Situationen geben, die uns geradezu einladen, eine vermeintliche Abkürzung zu gehen. Sei deshalb achtsam! Im rechten Moment öffnen sich die wegweisenden Türen wie von Zauberhand, und wir begegnen den entsprechenden Menschen, die uns augenblicklich das Ziel erreichen lassen – und zwar auf entspannte und mühelose Art und Weise.

Eine große Fußangel des Egos im Verlauf dieses Prozesses ist die »Es besonders gut machen wollen«-Taktik oder die »Ich mache es besser«-Strategie. Wie ein Kind, das sich profiliert, um die ungeteilte Aufmerksamkeit der Eltern zu erlangen, neigen viele Menschen dazu, Gott besonders gefallen zu wollen. Da Gott uns so liebt, wie wir sind – ohne Wenn und Aber –, können wir uns die Energie für das »Besser, Höher, Weiter« sparen.

Vor allem dann, wenn wir im Zuge der »Es besonders gut machen wollen«-Taktik beginnen, uns mit anderen Menschen zu vergleichen, spielen wir dem Teufel den Ball gerade mit Fleiß direkt in die Hände und erreichen genau das Gegenteil von dem, was wir in Wahrheit wollen. Dabei sind wir uns selbst in jeder Begegnung immer Lehrer und Schüler zugleich. Oftmals sind wir uns dessen nur nicht bewusst und neigen dazu, in Konkurrenz zu einem anderen Menschen zu gehen. Je nach unserem Naturell erheben wir uns über den anderen oder machen uns in seiner Gegenwart klein. Beides ist einer guten Beziehung nicht dienlich und schürt zu jeder Zeit den Glauben an die Trennung von Gott, in dessen Augen wir alle gleich-wertig sind.

Wir sollten uns vielmehr gegenseitig Inspiration sein. Obwohl es interessant ist zu beobachten, welche Strategien erfolgreiche Menschen verfolgen, können wir unseren Weg nur auf unsere eigene Art und Weise zum Wohle des Ganzen gehen. Gott erlaubt sich den Luxus, nur Originale in die Welt zu senden. Die Kopie der Kopie der Kopie ist nicht wirklich in seinem Sinne.

Niemand ist besser oder schlechter als ein anderer. Wir alle haben Gaben und Talente, die uns auf unsere Art und Weise einzigartig machen – jedoch nicht besser. Doch genau dieses ständige Abgleichen in puncto besser oder schlechter ist die Grundlage für das, was der *Kurs* »besondere Beziehungen« nennt. Indem wir uns vergleichen oder uns in Gegenwart eines anderen Menschen herabsetzen beziehungsweise diesen überhöhen, kreieren wir besondere Beziehungen. Jede Art von Beziehung kann eine »besondere« sein: ob zwischen Eltern und Kind, Liebespartnern, Freunden, Arbeitskollegen oder Nachbarn. Indem wir einem Ideal hinterherrennen, verwehren wir uns das Erleben, was Gott mit uns vorhat, welch großartigen Weg er für uns vorgesehen hat. Unser Ziel darf es sein, heilige Beziehungen zu kreieren. Übersetzt bedeutet das: gleichwertige Beziehungen, in denen wir uns von Herz zu Herz begegnen. Beziehungen, in denen wir uns weder übervorteilen noch unterlegen fühlen, sondern in denen wir den anderen auf Augenhöhe begegnen und einander inspirieren.

Ich glaube, der Grund, warum wir immer wieder in die Falle des Vergleichs tappen und meinen, noch Größeres und Besseres erreichen zu müssen, ist der, dass wir alle irgendwann in unserem Leben Erfahrungen gemacht haben, die uns vermittelten, nicht gut genug zu sein. Beginnend in der Kindheit bis heute sind den meisten von uns Dinge passiert, die in uns das Gefühl erweckt haben, wir würden nicht genügen. Also fangen wir an, um diese Erlebnisse Geschichten zu bauen, und irgendwann werden diese Geschichten dann für uns Realität. Um den unter den Geschichten vergrabenen Schmerz nicht fühlen zu müssen, beginnen wir zu werten, werden verurteilend und uns selbst und anderen gegenüber verletzend und gemein. Ein reiner Schutzmechanismus, der sich wie in einer Dauerschleife wiederholt. Wir beginnen, diese Negativität in die Welt zu projizieren, und sie reflektiert sie uns schonungslos zurück – bis zu dem Moment, in dem wir aufmerksam und uns dieses Teufelskreises bewusst werden. Leider braucht es nicht selten eine körperliche oder soziale Katastrophe, damit wir laut und deutlich STOPP sagen.

Das Erfreuliche ist, dass wir inzwischen wissen, dass Gott uns so viele Neuanfänge gewährt wie nötig. Wir können in jedem einzelnen Moment eine Kurskorrektur vornehmen, sobald wir erkennen, dass wir gerade vom Kurs abkommen. Ich sehe das heute so, dass jede gefühlte Niederlage, jeder Rückschritt uns in Wahrheit der Erfüllung unserer Träume näherbringt. Vorausgesetzt, wir erkennen die darin enthaltene Lektion, die Gott für uns bereithält. Und wenn nicht, dann lässt uns Gott in seiner Gnade ein und dieselbe Erfahrung noch einmal auf eine andere Art und Weise machen, bis wir es erkennen. Das ist alles andere als eine Strafe – dieser Prozess ist für uns ein Geschenk. Denn die in den Herausforderungen unseres Lebens verborgenen Erkenntnisse dienen einzig und allein dem Zweck, dass wir zu unserer wahren Größe gelangen. Alles, was auf dem von uns selbst gewählten Weg nicht mit Gottes großer Vision für uns übereinstimmt, ist nur vorübergehend. So wie in dem Beispiel mit dem Seminarhaus, das ich mit dir weiter oben geteilt habe. Probleme, Mangel und Mittelmäßigkeit, Krankheit und finanzielle Sorgen sind nicht als Dauereinrichtung in unserem Lebensplan verankert. Sie dienen uns in unserem Menschsein als rote Ampel. Als Hinweis, dass wir gerade vom Weg abgekommen sind und der Liebe den Rücken zukehren. Zu jeder Zeit wartet ein Wunder darauf, von dir in Empfang genommen zu werden. Und wir tun gut daran, uns keine Gedanken darüber zu machen, wie sich uns das Wunder zeigt und durch wen es in unser Leben kommt.

Wunder sind das Instrument, mit dem Gott dich in Erstaunen darüber versetzen möchte, welch wundervollen Traum er durch dich erfahren will. Lege ihm keine Rezepte vor, wie es geschehen soll, denn seine Ideen sind von einer so unendlichen Gnade und Brillanz, dass sie einem menschlichen Verstand gar nicht entspringen könnten. Doch du kannst dich vorbereiten und dem Ausdruck verleihen, was für jedes Wunder essenziell ist: Vergebung. Vergib dir alle Fehlentscheidungen und jeglichen Glauben an das, was das Ego dich glauben machen wollte, und beginne auf einem neuen Level noch einmal bei Stunde null. Vergib auch den Menschen, die dir als Sparringspartner auf deinem Irrweg zur Verfügung gestanden haben, damit du genau an dem Punkt ankommst, an dem du jetzt stehst.

MIR BEWUSST SEIN

Schreibe jetzt alle Situationen und Menschen auf, die dich im Laufe deines Lebens verletzt haben oder durch deren Verhalten du Schaden genommen hast – einschließlich dir selbst, wenn nötig.

....

....

....

....

....

Stell dir vor, wie es wäre, all diesen Menschen jetzt zu vergeben, und beobachte, ob sich in dir eventuell Widerstand regt. Wie genau fühlt sich dieser Widerstand an?

....

....

....

....

....

Welche Qualitäten erfordert es, damit du dir jetzt die Erlaubnis gibst zu vergeben? (Zum Beispiel: »Es erfordert Mut, XY
gegenüberzutreten und ihm zu vergeben. Denn er/sie hat
mich gedemütigt ... geschlagen ... betrogen ...«)

....

....

....

....

....

Auf welche Weise würde sich dein Leben verändern,
wenn du Vergebung praktizierst und somit freier und ver-
ständnisvoller im Umgang mit anderen Menschen wirst?

....

....

....

Wie fühlt es sich an, wenn du einem anderen Menschen oder dir selbst nachhaltig vergibst? Wie verändert dieses Gefühl deine Wahrnehmung in Bezug auf die Welt und den Platz, den Gott für dich vorgesehen hat?

Welcher Situation oder Person bist du nach wie vor noch nicht bereit zu vergeben? Was hindert dich daran? Sei ganz ehrlich mit dir und denke in Ruhe über die Antwort nach.

Frage dich selbst: Was würde die Liebe jetzt tun?

....

....

....

....

....

Vergebung macht stark und frei. Nicht zu vergeben ist so, als würden wir Gift schlucken und hoffen, dass es den anderen tötet. Doch der einzige Mensch, dem wir durch Unversöhnlichkeit wirklich schaden, sind wir selbst. Dennoch macht es keinen Sinn, etwas zu erzwingen. Druck erzeugt immer Gegendruck. Gott hat uns und allen anderen schon längst alle Fehler vergeben und vergessen. Er hat seinen Sohn geopfert, damit wir frei sind. Dieses Erbe an uns ist sein Geschenk für unser Leben. Doch wir Menschen mit unserem Egoverstand stehen uns oft selbst im Weg und berauben uns eines erfüllten Lebens, einzig und allein indem wir an Vergangenem festhalten. Vielleicht um recht zu haben oder aus welchem Grund auch immer. Der Punkt ist, wenn du in dir noch Widerstand wahrnimmst, dann nimm dich ernst und bügle auf keinen Fall mit irgendwelchen Vergebungsphrasen darüber hinweg. Erlaube Gott, in deinem Geist und deinem Herzen einzukehren, und beginne IHN in allem zu sehen.

Auch wenn dein Widerstand in diesem Moment noch sehr groß, die grundsätzliche Bereitschaft zu vergeben jedoch vorhanden ist, setze dich bitte nicht unter Druck. Übe dich in Geduld und Achtsamkeit mit dir. Vertraue, dass allein deine Entscheidung, den Weg der Vergebung zu gehen, schon dafür sorgt, dass sich die Toxizität aus der jeweiligen Situation löst. Nutze das Gebet für dich als Medium für Wunder. Durch das Gebet wirst du Liebe empfangen und du weißt jetzt, dass sich Wunder durch Liebe ausdrücken. Du musst dabei nicht wissen, wie das geschieht, sondern nur, dass es geschieht.

Ich bitte meine innere göttliche Führung, mir die Kraft und den Mut zu verleihen zu vergeben. Ich weiß einfach nicht, wie ich das vollführen soll – doch ich bin bereit, darauf zu vertrauen, dass du es mir zeigst. Leite mich, damit ich in einem Moment vergebe und frei bin.
Danke!

Ich bin bereit, mir und allen anderen zu vergeben.
Ich bin frei und sie sind frei.
Unser Leben ist aufs Höchste gesegnet.

7

Sei du selbst und liebe, was du lebst

Wenn du durch Wasser gehst, will ich bei dir sein,
und wenn du durch Ströme gehst, sollen sie dich nicht ersäufen.
Wenn du ins Feuer gehst, wirst du nicht brennen,
und die Flamme wird dich nicht versengen.

JESAJA 43, 2

Ein weiterer Trick des Egos, um uns in Schach zu halten, besteht darin, uns zu suggerieren, dass wir permanent Kompromisse eingehen müssen, um anderen zu gefallen, und dass es falsch ist, wenn wir genau das Leben leben, zu dem wir uns berufen fühlen. Sätze wie »Schuster, bleib bei deinem Leisten« sind dir mit Sicherheit schon ebenso oft begegnet wie mir. Und genauso lässt das Ego uns mit anderen Menschen umgehen, indem es uns ermutigt, uns vorschnelle Urteile zu bilden und sofort eine Schublade zu öffnen, um unsere Mitmenschen dorthinein zu sortieren wie Socken.

Aus beruflichen Gründen verbrachten wir im letzten Sommer etwas Zeit auf Mallorca. Unter anderem kam ich einem Auftrag als Rednerin für ein großes Firmenevent nach. Das Auditorium setzte sich aus Unternehmern aller Altersklassen zusammen. Am Ende des Vortrags war es mir gelungen, alle Teilnehmer gleichermaßen abzuholen, was mich sehr freute. Einige Anwesende nutzten die Pause bis zum nächsten Vortrag und bedankten sich bei mir, andere suchten das Gespräch für ein Feedback. Genau diesen Impuls hatte auch ein junger Unternehmer Ende zwanzig und sprach mich an:»Also, ich bin jetzt mal ganz ehrlich zu dir. In den ersten zwei Dritteln deines Vortrags habe ich gedacht: Oh nö, schon wieder so eine Tochter aus besserem Haus. Attraktiv, Designerklamotten und teure High Heels an den Füßen. Wurde sehr wahrscheinlich mit dem goldenen Löffel im Mund geboren, hat Germanistik oder irgendetwas in der Art studiert, reich geheiratet und jetzt nichts Besseres zu tun, als angelesene Weisheiten weiterzugeben. Doch dann hast du mit uns einen Teil deiner Geschichte geteilt: ›Mit elf Jahren den Vater verloren, keinen richtigen Schulabschluss, als Jugendliche in Kontakt mit Drogen gekommen, mit 26 Jahren die Diagnose Knoten in der rechten Brust ... mit Ende dreißig durch einen Konkurs alles verloren und vieles mehr.‹ Sorry für meine Gedanken und dafür, dass ich dich im ersten Moment in eine Schublade stecken wollte, die überhaupt nicht zu dir passt.«

Ein mutiger junger Mann, der durch unsere Begegnung die Bekanntschaft mit den Machenschaften des Egos hautnah erfahren durfte. Es war unübersehbar, dass es ihm unangenehm war, sich selbst dabei ertappt zu haben, wie vorschnell wir manchmal über Menschen urteilen. Wir sehen jemanden, das Ego erzählt uns dazu eine Geschichte aufgrund der Kleidung, der Hautfarbe oder der Sprache desjenigen, wir fallen darauf rein – und ab in die passende Schublade. Dann hören wir die wahre Geschichte dieses Menschen und würden am liebsten Abbitte leisten. Früher hätte es mich innerlich rasend gemacht und ich wäre zu Tode beleidigt gewesen, dass mich jemand in eine für ihn passende Schublade steckt; oder viel schlimmer noch, mir zu verstehen gibt, dass er mich aus rein äußerlichen Gründen nicht leiden kann. Heute ist es mir gleichgültig. Natürlich freue ich mich, wenn es nicht so ist. Doch es ist mir nicht mehr wichtig. Heute ist es mir in erster Linie wichtig, dass ich Gott gefalle und der Frau, die morgens in meinen Spiegel sieht: mir selbst!

Es bedarf großen Mutes, wenn wir uns dem entgegenstellen, was allgemein von uns erwartet wird, und beginnen, »anders« zu sein. Der Mensch zu sein, der wir in Wahrheit sind. Es bedarf des Mutes, auch einmal (oder mehrmals) gegen den Strom zu schwimmen, damit wir unser Anderssein zum Ausdruck bringen. Sind wir auch auf der Ebene der Liebe alle eins, so hat uns Gott doch ganz individuell ausgestattet. Jeden von uns auf seine eigene Art und Weise. Mir gefällt der Gedanke, dass es uns gelingt, Anderssein wirklich und wahrhaftig als Reichtum zu feiern. Ich glaube fest daran, dass nicht immer nur das Ego seine Hände im Spiel hat, wenn wir vor einer Situation stehen, die uns förmlich einlädt, unseren Prinzipien untreu zu werden und diesbezüglich Kompromisse einzugehen. Mit Sicherheit liebt das Ego diese Form von Angriffen auf uns – keine Frage. Doch ich glaube erkannt zu haben, dass auch Gott die eine oder andere Situation dieser Art benutzt, um uns zu prüfen. So wie bei meiner Seminarhausgeschichte aus dem letzten Kapitel. Gott möchte sicher sein, dass er sich unserer inneren Haltung sicher sein kann, wenn er uns für seinen Dienst gebraucht. Es ist für ihn kein Stress, wenn wir dafür einen Moment länger brauchen. Ihm läuft die Zeit nicht weg und wir tun es auch nicht. In meiner Wahrheit hat Gott große Pläne für jeden von uns. Er pflanzt eine Vision in unser Herz und bereitet uns Schritt für Schritt darauf vor, dass wir diese Vision verwirklichen. Und mit diversen Prüfungen oder Überprüfungen stellt er sicher, ob wir wirklich schon so weit sind, dass wir der Aufgabe auch im Sinne des Ganzen gerecht werden. Gottes Vertrauen und Liebe in uns sind unerschütterlich, doch ist das im Gegenzug auch bei uns der Fall? Was ist, wenn uns jemand verspottet, weil wir an Gott glauben und uns öffentlich zu ihm bekennen? Was, wenn wir beginnen, unser Leben nach den christlichen Prinzipien neu zu sortieren, danach zu handeln und zu leben, und sich aufgrund dessen Menschen, die uns nah sind, abwenden? Mir war es früher enorm wichtig, was andere Menschen über mich denken.

Als ich begann, meinen christlichen Weg zu gehen, erhoffte ich mir, dass endlich die seit Kindheitstagen in mir schlummernde Sehnsucht nach Gott gestillt würde. Das war, was ich wollte, seit ich mich erinnern kann: eine gute Beziehung zu Gott. Doch lange Zeit fand ich stattdessen eher Unsicherheit und Irritation. Das Ego trieb mich mit Erfolg ständig an, in den Vergleich mit anderen Menschen zu gehen. Anstatt mich von ihnen inspirieren zu lassen, verfiel ich immer wieder dem Gedanken, dass ich so sein müsse wie sie. Viele Jahre habe ich mich so häufig bewusst und oftmals auch unbewusst für eine Wahrheit verbogen, die nicht meiner eigenen entsprach. Auf der Suche nach mir selbst habe ich mich dabei quasi immer wieder neu erfunden. Bis ich erkannte, wer ich wirklich bin, und mutig begann, zu dem Menschen zu stehen, der ich in Wahrheit bin.

Von meiner inneren Sehnsucht getrieben, flog ich schließlich einmal um die halbe Welt und fiel dann auf Hawaii, wie im vorangegangenen Kapitel erwähnt, für Gott ins Vertrauen. In der Verpflichtung Gott gegenüber versprach ich, einen festen Stand in der Verkündung seines Wortes einzunehmen. Entschlossen begann ich gegen den Strom zu schwimmen und traf viele Entscheidungen, aufgrund deren sich mancher scheinbare Freund von mir abwandte. Ein bisschen mit Gott liebäugeln und hier und da ein, zwei Engel ins Spiel bringen war ja okay und trendy. Doch ernsthaft als Schülerin und Lehrerin des *Kurses* und nach intensivem Bibelstudium die Entscheidung zu verkünden, von jetzt an mit Gott zu leben ... Puhhh – das ging für viele Menschen nicht konform mit ihrem gefestigten Weltbild.

Ich habe im Laufe meines Weges teilweise einen hohen Preis dafür gezahlt, dass ich heute genau das tun kann, was ich tue und wofür mein Herz schlägt. Meine Erfahrung ist, dass immer dann, wenn wir etwas tun, was einen Wert für uns und das Leben anderer Menschen hat, wir erst einmal einen Preis dafür zahlen müssen. Manchmal gefühlt auch einen sehr hohen Preis. Heute weiß ich, dass dazu auch gehören kann, dass uns die Menschen in unserem Umfeld für verrückt halten. Vielleicht belächeln. Sich sogar von uns distanzieren. Sie verstehen unsere Art zu leben nicht und wissen vielleicht gar nicht, wovon wir reden. Doch mal ehrlich: Wie denn auch? Der Punkt ist, wenn Gott uns zu verstehen gibt, was genau unser Weg ist, was wir sagen sollen und zu wem, dann verstehen wir das; doch das bedeutet nicht, dass das auch die Menschen verstehen, die uns bis gestern noch ganz anders kannten. Das, woran Gott uns teilhaben lässt, muss keineswegs auch das sein, was er einem anderen Menschen ins Herz pflanzt. Die Information, die du erhältst, ist genau auf dich abgestimmt und passend für den Platz, an dem du gerade bist. Doch lass uns gemeinsam einem Gedankengang Raum geben: Wie wäre es, wenn Gott den ein oder anderen Menschen gebraucht, damit dieser den Weg ebnet für all diejenigen, die nach ihm kommen? So wie ein Bergführer. Lass dein Licht leuchten, für dich und für die Menschen in deiner Welt. Lade sie ein und freue dich über jene, die gerne mit dir gehen.

Es ist mit Sicherheit nicht in Gottes Sinne, wenn wir uns verbiegen oder unsere Wahrheit verleugnen, um anderen zu gefallen, und uns so eine gute Beziehung zu ihnen erschleichen. Genauso wenig hilfreich ist es, wenn wir anderen unsere Wahrheit überstülpen und beginnen, sie zu missionieren. Im 9. Grundsatz für Wunder des *Kurses* steht Folgendes: »Wunder sind eine Art von Austausch. Wie alle Äußerungen der Liebe, die im wahrsten Sinne des Wortes immer wunderbar sind, kehrt der Austausch die physischen Gesetze um. Sie bringen dem Gebenden und dem Empfangenden mehr Liebe.«

Ich habe mich entschieden, mit Gott zu leben als die, die ich in Jesus Christus bin. Dafür stehe ich ein, und aus dieser Klarheit lebe ich. Diese Entscheidung hat mich befähigt, den Menschen in der Haltung »Ich achte mich und ich achte dich« zu begegnen. War meine Welt zeitweise sehr überschaubar, da sich viele von mir abwandten, erlebe ich heute eine immense Zunahme an Menschen, die gerne mit mir zusammen sind und mit denen ich gerne zusammen bin. Mich mit Menschen zu umgeben, die wie ich ein gleich-wertiges Miteinander schätzen, ist mir sehr kostbar. Meine Zeit ist mir zu wertvoll, als dass ich sie mit Leuten teilen möchte, die ihren Mitmenschen ständig ironisch, besserwisserisch oder unachtsam begegnen.

Wir müssen lernen, dafür einzustehen, was wir als richtig erachten, und dazu gehört, dass wir stabil unseren Platz einnehmen und nicht beim kleinsten Gegenwind umfallen. Lebe das, was du sprichst. Nur so gelingt es uns, anderen auf gewisse Art und Weise Inspiration und Vorbild zu sein.

Letzten Endes war es mit Sicherheit nicht allein die Fernsession, in der ich im Frühjahr 2014 das Bewusstseinsfeld gewechselt habe, die all den Segen möglich gemacht hat, der von Stund an in mein Leben kam. Es war hauptsächlich meine Entscheidung, die Vergangenheit loszulassen. Und die Erkenntnis, dass ich meine Arbeit liebe und immer geliebt habe, doch dass es nicht Sinn der Übung ist, mich mit meinem Job zu identifizieren. Meine Arbeit ist nicht meine Identität. Deine Arbeit ist nicht deine Identität. Ich habe die Entscheidung getroffen, dass ich, auch wenn ich nicht tun kann, was ich so gerne tue, dennoch glücklich bin. Meine Freunde und all die Menschen in meinem Leben sind großartig, und ich würde sie nur ungerne missen wollen. Doch sie sind nicht verantwortlich für meine Glückseligkeit. Wenn ich mit diesem Buch viele Hunderttausende Menschen erreichen sollte, wäre das wundervoll. Doch auch wenn es anders kommt, werde ich trotzdem glücklich sein und ein erfülltes Leben führen. Wie kann das sein?

Weil ich mich dazu entschieden habe! Ich habe mich für ein erfülltes und glückliches Leben entschieden; ein Leben in Vitalität und mit erfüllenden Beziehungen. Ich bin bereit, dafür die Schritte zu gehen, die es zu gehen gilt. Wie genau jedoch Gott diese Praline für mich füllt und an welchen Platz er mich dafür stellt, überlasse ich ihm. »... weil der Geist, der in euch lebt, größer ist als der Geist, der die Welt regiert.« (1. Johannes 4,4)

Das Einzige, worauf ich niemals mehr verzichten werde, ist meine Beziehung zu Gott. Die Erkenntnis, dass ich liebe, weil ich lebe, verdanke ich ihm. Darum bin ich bereit, für ihn einzustehen und den Dienst zu tun, für den er mich genau auf den Platz gestellt hat, auf dem ich jetzt stehe.

»Wir haben erkannt, wie sehr Gott uns liebt, und wir glauben an seine Liebe. Gott ist Liebe, und wer in der Liebe lebt, der lebt in Gott und Gott lebt in ihm.« (1. Johannes 4,16)

Wenn wir lieben, was wir leben, und leben, was wir lieben, dann sind wir befähigt, heilige Beziehungen zu kreieren. Im Sinne des *Kurses* definiert sich eine heilige Beziehung durch die Erkenntnis, dass jeder der daran Beteiligten den Weg der Innenschau gegangen ist und keinen Mangel mehr in sich findet. Eine heilige Beziehung entsteht dann, wenn sich jeder Mensch in seiner Vollkommenheit annimmt, sich in ihr ausdehnt und sich aus der daraus entstehenden Kraft heraus mit einem anderen

Menschen verbindet. Mit einem Menschen, der dasselbe für sich erkannt und in Anspruch genommen hat. In einer heiligen Beziehung bedarf es nicht der Verleugnung des authentischen Selbst. Ganz im Gegenteil. Es verleiht der Beziehung ihren vollkommenen Ausdruck.

Der *Kurs* sagt: »Er verleugnet seine eigene Wirklichkeit nicht, weil sie die Wahrheit ist.«

Auf den Punkt gebracht

Entscheiden wir uns, einen neuen Weg einzuschlagen, trennt sich im wahrsten Sinne des Wortes die Spreu vom Weizen. Denn nicht jeder Mensch in unserem Umfeld wird diese Veränderung wohlwollend aufnehmen. Ganz im Gegenteil wird es Menschen geben, die dich daran hindern wollen, dass du zu der großartigen Persönlichkeit wirst, die du bist. Du darfst eines nicht vergessen: Je mehr du dein wahres Potenzial lebst, desto drastischer zeigst du bestimmten Menschen ihr eigenes Unvermögen auf. Jammernde Menschen brauchen jammernde Menschen. Und wenn du bis gestern selbst zu diesen gehört hast und heute entscheidest, dass Jammern dich nicht weiterbringt, und du beginnst, in jedem Moment deinen Fokus auf das Positive zu legen, dann kann das deine Mitmenschen am Anfang etwas irritieren. Du bist mit deinem neuen Verhalten zu einer Person geworden, die ihnen nicht vertraut ist. Jetzt hast du zwei Möglichkeiten: Du kannst entweder, um ihnen zu gefallen, wieder in den Jammermodus verfallen. Oder du kannst dir und deiner Entscheidung treu bleiben. Der Preis für Letzteres könnte sein, dass sich einige Menschen von dir abwenden.

Doch ich verspreche dir, es werden neue Menschen in dein Leben kommen, die sich genauso entschieden haben wie du. Ein Teil derer, die sich von dir abgewandt haben, wird dich vielleicht erst einmal aus der Ferne beobachten und dann in einer neuen Resonanz zu dir zurückkehren. Andere werden dich dagegen mutig als eine Art Mentor in ihr Leben einladen, weil ihre eigene Fragilität noch zu groß ist, um diesen durch dich inspirierten neuen Weg ganz allein konsequent zu gehen. Ich glaube, wir alle kennen auf eine gewisse Art und Weise dieses Gefühl der Unsicherheit und Fragilität aus Situationen, in denen wir uns schon einmal für einen Neustart in unserem Leben entschieden haben. In gewisser Weise fühlen wir uns in diesem Prozess zerbrechlich und unsicher – und sind dankbar, wenn es einen Menschen gibt, der uns ein Stück des Weges an die Hand nimmt. Was immer wir auch neu beginnen in unserem Leben, wir durchlaufen insgesamt drei Stadien:

In Stadium eins ist für uns alles ganz neu und unbekannt. Das liegt in der Natur der Sache. Ganz egal, ob es sich um eine neue Fremdsprache handelt, die wir lernen, eine neue Sportart oder eben eine neue Lebensweise. Wir fühlen uns noch unsicher und beobachten jede große und kleine Veränderung mit Argusaugen. In dieser Phase ist es nur wenigen Menschen wirklich gleichgültig, was ihre Mitmenschen über sie denken. Da es uns noch an Routine fehlt, überlegen wir jeden Schritt ganz genau, und die kleinsten Rückschläge erhöhen unsere innere Fragilität. Ja, wir haben uns entschieden, sind jedoch noch auf der Hut und überprüfen unsere Entscheidung immer wieder auf ihre Richtigkeit. Jedes Feedback von außen – ob negativ oder positiv – wird zum gedanklichen Dreh- und Angelpunkt. Wobei wir zustimmende Rückmeldungen als Geschenke empfinden, die uns scheinbare Sicherheit bieten.

Im zweiten Stadium beginnt unser Vertrauen in die neue Situation zu wachsen. Wir sind schon etwas routinierter, und das »neue Verhalten« beginnt sich als natürlicher Prozess in uns und durch uns zu etablieren. Hier und da braucht es noch das ein oder andere positive Feedback von außen, das uns signalisiert, dass wir auf dem richtigen Weg sind. Doch Schritt für Schritt wächst unser Selbstvertrauen in den neuen Weg. Wir beginnen uns sicher zu fühlen bei dem, was wir tun. In Stadium drei schließlich wird das neue Verhalten zum Selbstverständnis. Wir müssen nicht mehr darüber nachdenken, warum und weshalb wir dies oder jenes tun. Negativen Kommentaren begegnen wir mit einer göttlichen Gelassenheit – ohne Gefahr zu laufen, in die Rechtfertigung zu gehen. Wie eine gut gesetzte Pflanze verankern sich die Wurzeln unseres Vertrauens in die Art, wie wir jetzt im Leben stehen. Das einzige Feedback, das jetzt noch für uns zählt, ist das im Inneren unseres Herzens. Wir kommen in den Bereich des Mühelosen, gepaart mit einer unumstößlichen Gelassenheit.

Du kannst darauf vertrauen, dass in dem Moment, in dem du dich der Liebe hingibst, Gott vor dir hergehen und deinen Weg ebnen wird und dass neue, dich erfüllende Beziehungen dein Leben bereichern werden. Gott wird dich bedingungslos durch die verschiedenen Phasen führen und dabei das Tempo akzeptieren, das du vorgibst. An seiner Seite wirst du dich erfüllenden Beziehungen in deinem Leben öffnen und den Mut entwickeln, dabei ganz du selbst zu sein. Durch seine Liebe wird dir die Gelassenheit zuteilwerden, andere Menschen ebenfalls so zu akzeptieren, wie sie sind. »Ich achte mich und ich achte dich« wird zu deinem Selbstverständnis in Bezug auf deine Mitmenschen.

Wenn du Frieden in deinem Leben generieren möchtest, dann hüte dich davor, recht haben zu wollen oder in die Rechtfertigung zu gehen. Bedenke immer, dass es bei dieser Art von Gespräch nur Verlierer geben kann; nicht zuletzt ist auch jede Rechtfertigung eine Form des Kampfes. Wenn du dir deiner selbst bewusst bist, bedarf es keiner Rechtfertigung von deiner

Seite. Am Anfang des Buches erwähnte ich schon einmal, dass wir immer aus unserer besten Option handeln, und deine beste Option ist die Liebe. Handle aus ihr und überlass ihr die Führung in jedem deiner Gespräche.

Wann immer du einen neuen Weg wählst, wirst du dich der Welt in einem neuen Kleid präsentieren. Und das wird wie gesagt nicht jedem gefallen. Letzen Endes geht es, wenn wir uns verändern, nur um uns. Du musst niemandem gefallen außer dir selbst. Gott liebt dich so oder so, denn er kennt dich ja in deinem ganzen Glanz. Für ihn bist du vollkommen und genau richtig, so wie du bist. Um Gott zu gefallen, bedarf es keiner großen Korrekturen in deinem Leben. Wenn du liebst, was du lebst, dann werden heilige Beziehungen deine Welt bereichern.

MIR BEWUSST SEIN

Nimm dir Zeit, um zu reflektieren, wie gut es dir gelingt, du selbst zu sein, und das zu leben, was dir entspricht.
Was bedeutet es für dich, »dazuzugehören«?

. . . .

. . . .

. . . .

Wenn du mit anderen Menschen zusammen bist, fürchtest du dich aus Angst vor Ablehnung davor, ganz »du selbst zu sein«?

....

....

....

....

In welchen Momenten hat dein Streben, von anderen aner-
kannt zu sein und ihnen zu gefallen, deinen Mut, du selbst zu
sein, sabotiert?

....

....

....

....

Ist es für dich sehr wichtig, dass andere positiv über dich denken und reden?

....

....

....

....

Fühlst du dich hier und da versucht, die Wahrheit zurecht-
zubiegen oder gar zu lügen, damit andere ein positives Bild
von dir bekommen oder behalten?

. . . .

. . . .

. . . .

Schreibe die für dich gravierendsten Situationen auf, in denen du viel zu lange ausgehalten hast, weil du Angst hattest,
etwas zu verändern oder einfach zu gehen, obwohl du wusstest, dass das Bleiben für dich mehr als ungesund ist.

. . . .

. . . .

. . . .

Gab es Momente, in denen du unerwartet den Mut hattest zu
gehen? Was genau war anders als sonst … woher kam dein
Mut?

. . . .

. . . .

. . . .

. . . .

Stell dir vor, dieser Mut stünde dir ab jetzt immer zur Verfügung. Zu welchen Veränderungen in deinem Leben könnte
er dir verhelfen? Welchen Einfluss hätte das auf die Art,
wie du lebst?

. . . .

. . . .

. . . .

Was glaubst du, wie die Menschen in deinem Umfeld reagieren
würden, wenn sie erfahren, dass du für dich neue Wege gehst?
Welche Bedeutung hat es für dich, was sie sagen oder denken?

. . . .

. . . .

. . . .

Ich bitte dich, Gott, gewähre mir die Gelassenheit,
die Dinge zu akzeptieren, die ich nicht ändern kann,
den Mut, die Dinge zu ändern, die ich ändern kann,
und die Weisheit, den Unterschied zu erkennen.
(Gelassenheitsgebet von Reinhold Niebuhr)

Durch all die Situationen, die Gott mir auf den Weg legt,
hilft er mir auch hindurch.

8
Dein Körper weiß mehr

Nimm wahr, was ist. Lerne das, was ist, in Liebe
und Dankbarkeit anzunehmen.
Sei achtsam und öffne dich dem, was dazugehört.
Lass los und gib dem Raum, was sich wandeln will.
Lebe so, wie es deiner Natur entspricht.

Vergebung bringt uns nicht nur Kraft auf geistiger Ebene. Schließlich geht es ja nicht nur darum, in einem Bereich unseres Lebens Freiheit und Frieden zu erfahren, während wir unsere Bedürfnisse auf anderer Ebene weiter missachten und eine zum Beispiel ungesunde Lebensweise pflegen. Vergebung, so wie sie mithilfe Gottes möglich ist, ist der Schlüssel zu einem ganzheitlichen Lebensstil, der uns ein erfülltes und erfolgreiches Leben ermöglicht – in allen Bereichen unseres Seins. Und dazu gehört auch und vor allem unser Körper. Er ist unser Tempel und ein großartiges Vehikel, das es uns überhaupt erst ermöglicht, das große Abenteuer Leben in allen Facetten zu erfahren. Ich glaube, dessen sind wir uns nicht immer wirklich bewusst.

Gott erfährt sich mit seiner Liebe durch uns. Und das funktioniert nur, indem unser Körper ihm als Heim dient. Wir sind

Gottes Zuhause. Als ich mir dessen bewusst wurde, wandelte sich mein gesamtes Verhältnis zu meinem Körper zum Positiven – er wurde mein Partner. Ich persönlich empfinde ihn als großes Privileg, mit dem verantwortungsvoll umzugehen ich mich entschieden habe.

Doch neben der Liebe, also Gott, gibt es noch einen weiteren Bewohner, der dieses Heim als sein Zuhause betrachtet: das Ego! Im *Kurs* heißt es:»Der Körper ist die Wohnstatt des Egos durch seine eigene Wahl. Dies ist die einzige Identifikation, bei der das Ego sich sicher fühlt, weil die Verletzlichkeit des Körpers sein bestes Argument dafür ist, dass du nicht von Gott sein kannst.« Und diese Überzeugung zu nähren ist das Ego mehr als bestrebt. Bevor wir uns jedoch näher mit dem Bereich des Körpers beschäftigen, ist es unumgänglich, darüber zu sprechen, dass wir nicht unser Körper *sind*. Du bist nicht dein Körper, sondern der Körper dient dir als Gefährt für dieses Leben. Identifizieren wir uns mit dem Körper als das, was wir sind, werden wir uns immer als begrenzt erfahren. Was definitiv nicht der Wahrheit entspricht. In 1. Korinther 3,16 steht dazu:»Wisset ihr nicht, dass ihr Gottes Tempel seid und der Geist Gottes in euch wohnt?«

Doch wie gehen wir oft mit diesem unserem Körper um? Sehen wir uns in Bezug auf ihn eher als Investoren oder als Spekulanten? Ich für meinen Teil war lange mehr ein Spekulant. Viele Jahre habe ich darauf spekuliert, dass, egal welchen Raubbau ich an ihm betreibe, es schon irgendeine Lösung geben wird. Und wenn nicht, dann war das eben Schicksal. Gerne habe ich mich früher darauf berufen, dass dieses oder jenes bei mir eben familiär bedingt sei. Selbst meine latente Suchtgefährdung habe ich auf meinen familiären Hintergrund geschoben. Wir wissen heute, dass die Genetik keine in Stein gemeißelte Wahrheit ist, sondern dass sie sich je nach Umfeld und Lebensweise ausprägt.

Wir dürfen uns also von dem Gedanken verabschieden, dass irgendein Vorfahre schuld daran ist, dass wir dieses oder jenes Symptom oder Krankheitsbild aufweisen. Erwiesenermaßen gibt es allerdings eine sogenannte Prädisposition für verschiedene Krankheitsbilder. Doch das bedeutet lediglich eine gewisse Bereitschaft des Körpers, auf bestimmte Art und Weise zu reagieren und sich Ausdruck zu verschaffen. Also kein »Muss«, sondern ein »Kann«.

Das Umfeld, in dem wir leben, und die Überzeugungen und Gedankenmuster, die daraus resultieren und die wir in uns tragen, haben dagegen einen enorm großen Einfluss auf unsere DNA. Die DNA ist ein Biomolekül, das als Träger unserer Erbinformationen dient, und man ging lange davon aus, dass diese Informationen fix und unveränderlich sind. Heute wissen wir, dank der Forschung einiger schlauer Köpfe, dass, wenn wir diesen Einfluss und im besten Fall auch unser Umfeld verändern, sich auch unsere DNA verändert und damit der Bauplan, der die genauen Anweisungen enthält, nach denen sich unser Körper formt. Eine ausführlichere Erklärung dieses Epigenetik genannten Fachgebiets würde hier jetzt zu weit führen, doch es gibt grandiose – und sehr verständlich geschriebene – Bücher zu dem Thema.

Unser Körper besteht aus Milliarden von Zellen, wobei jede einzelne von ihnen ein eigenes Universum für sich ist. Jede Zelle besitzt ein eigenes Kraftwerk und ein eigenes Bewusstsein. Bei unserer Geburt verfügt jede Zelle zudem über einhundert Prozent Lebensenergie.

Während meiner Vorträge ergänze ich den letzten Satz gerne um folgenden Gedanken (allein schon, um diverse Diskussionen gleich im Vorfeld zu verhindern): »Und an dieser Stelle möchte ich bemerken, dass eine Zwanzig- oder Vierzigwattbirne genauso über hundert Prozent verfügt wie eine Hundertwattbirne. Je nach göttlicher Grundausstattung verfügen wir alle am Anfang über hundert Prozent Zellenergie.« Gott schickt uns mit einem vollen Tank ins Rennen.

Als ich mich mit diesem Thema im Jahr 2014 sehr intensiv auseinandergesetzt habe, hat mich folgende Erkenntnis zutiefst berührt: Erst wenn der Energielevel in unseren Zellen auf unter fünfzig Prozent sinkt, beginnt unser Körper nachhaltig spürbare und/oder sichtbare Symptome zu entwickeln. Bis dahin kann dieses komplexe Meisterwerk der Natur so gut wie alles kompensieren! Ist das nicht gleichermaßen grandios wie erschreckend?

Heute weiß ich, dass, als mein Körper zwei Bandscheibenvorfälle und diverse andere Beschwerden produzierte, er kaum noch über Energie verfügte. Vielleicht waren es noch vierzig oder dreißig Prozent, vielleicht auch irgendwas dazwischen. Fakt ist jedoch, da war nicht mehr viel Luft nach unten. Um bei unserem Autobeispiel zu bleiben: Benzin, Öl und Wasser waren auf Minimalstand. Bei einem Auto würde das gesamte Armaturenbrett leuchten wie ein Christbaum. Im Falle unseres Körpers haben wir, wenn es gut läuft, Schmerzen. Solange der Körper noch über einen gefühlten Schmerz mit uns reden kann, ist es selten zu spät. Denn der Schmerz ist ein Warnsignal des Körpers – ebenso wie extreme Müdigkeit, zum Beispiel wenn unsere Leber leidet. Das Organ selbst kann nämlich nicht schmerzen, außer im Falle einer exorbitanten Vergrößerung – und selbst dann schmerzt die sie umgebende Bindegewebskapsel und nicht die Leber selbst. Die Ausdrucksform der Leber, wenn es ihr nicht gut geht, ist daher zunehmende Schwäche und Müdigkeit.

Manchmal frage ich mich, ob wir uns in aller Ernsthaftigkeit darüber im Klaren sind, dass, wenn unser Körper im wahrsten Sinne des Wortes den »Geist aufgibt«, wir uns keinen neuen im Supermarkt kaufen können. Ohne den Körper ist unsere Reise für dieses Leben zu Ende. Wir tun also gut daran, uns gewissenhaft um ihn zu kümmern.

Ein wichtiger Punkt, der dazu führt, dass unser Körper krank und energielos wird, ist: Stress! Stress! Und nochmals Stress! Stress in jeder Form verursacht einen signifikanten Mangel an Ruhe in unserem System, und das wiederum bietet einen ungemein guten Nährboden für Krankheiten aller Art. Schauen wir uns ein paar der zahlreichen Stressvarianten an. Es ist mehr als wahrscheinlich, dass wir alle im Laufe unseres Lebens mit der ein oder anderen davon konfrontiert werden.

Mehr als jeder zweite Deutsche leidet heute an einer Form von körperlicher Fehlwahrnehmung. Viele Menschen, vor allem Frauen, erleben schon bei dem Wort »Bikini-Saison« einen inneren Stress, der sie fast lähmt. In meiner Wahrnehmung sind wir in puncto Diätenwahn und Körperkult mittlerweile fast am Zenit angekommen. Ein wahrer Irrsinn und ein gigantischer Markt, mit dem jährlich Millionen Euro gemacht werden. Sich auf die Schnelle durch Enthaltsamkeit und den Verzicht auf Essensfreuden von ein paar überflüssigen Pfunden verabschieden, um dann aber zügig wieder zu alten Ess- und/oder Lebensgewohnheiten zurückzukehren – das bedeutet unendlich viel Stress für den Körper. Und die damit einhergehende Unzufriedenheit bedeutet noch mehr Stress für die Seele. Entbehrung ist kein besonders attraktiver Motivator – oder? Mehr als bedenklich finde ich vor allem das Propagieren einer schnellen Gewichtsabnahme ohne ein Mehr an körperlicher Bewegung. Von regelmäßigem Sport will ich an dieser Stelle ja gar nicht reden.

Gott hat unseren Körper nicht mit Gelenken, Sehnen und Muskeln ausgestattet, damit sie ungenutzt »brachliegen«. In unserem Körper gibt es nichts, was für ein erfülltes Leben keine Bedeutung hätte. Was nutzt dir ein schlanker Körper, der bei der kleinsten Bewegung außer Atem kommt? Dank russischer Forscher wissen wir heute, dass unsere Zellen in der Lage sind, über hundertvierzig Jahre lang jung zu bleiben. Mir gefällt dieser Gedanke sehr – und ich möchte ihn an dieser Stelle erweitern: Wie schön wäre es, wenn wir uns auch noch mit fortschreitendem Alter, jenseits der hundert, die Schuhe selbst binden könnten?

Da kann Gott noch so große Träume in dein Herz pflanzen, wenn du nicht in der Lage bist, dich deinem Potenzial entsprechend zu be-weg-en, dann nimmst du deinen Traum mit großer Wahrscheinlichkeit mit in die nächste Inkarnation. Und an dieser Stelle sei bemerkt: Auch wenn der Glaube an Wiedergeburt zu deinen tiefsten Überzeugungen gehört – ob es sie gibt, wirst du erst erfahren, wenn es so weit ist. Du kannst darauf spekulieren; sicher wissen kannst du es heute nicht. Einem Spekulanten aus Überzeugung wäre das gewiss egal, doch ein gewissenhafter Investor verlässt sich nicht auf Vermutungen oder Eventualitäten. Er legt sein Vermögen in Projekten an, die wortwörtlich »Hand und Fuß« haben, um das Bestmögliche aus ihnen herauszuholen.

Ganz egal, durch was in unserem Körper Stress erzeugt wird, er löst immer dieselbe Kettenreaktion aus. Stress lässt im Körper sämtliche Alarmglocken läuten, und diese signalisieren, dass Gefahr im Verzug ist. Allein der Gedanke an eine gefährliche Situation setzt Schutz- und Abwehrmechanismen in Gang. Der Körper bereitet sich augenblicklich darauf vor, sich zu verteidigen, eine drohende Gefahr abzuwehren. Unser Gehirn signalisiert: »Hilfe, wir sind in Gefahr. Ich brauche eure Unterstützung, damit wir diese Herausforderung meistern können. Bitte alle Abwehrmechanismen in Gang setzen und volle Kraft voraus. Wir ziehen in den Kampf oder fliehen!«, indem es den Gefahrenimpuls an die Nebennieren weiterleitet, genauer gesagt an das Nebennierenmark. Von dort werden im nächsten Schritt

Botenstoffe wie zum Bespiel Adrenalin ausgeschüttet. Alles wird in Windeseile für Kampf oder Flucht vorbereitet: Die Gefäße werden eng gestellt, die Herzfrequenz und der Blutdruck steigen, es wird mehr Glukose für die Muskeln freigesetzt, und auch das Cholesterin spricht ein Wörtchen mit und schnellt in die Höhe. Der gesamte Körper befindet sich in diesem Moment in Alarmbereitschaft.

Jedes unserer Organe ist auf so einen Fall gut vorbereitet und bestens dafür ausgestattet. Doch wenn dieser Ausnahmezustand aufgrund unseres Lebensstils zum Dauerzustand wird, gibt unser Körper irgendwann auf.

Wenn wir wirklich bereit sind, etwas zu verändern und den großartigen Plan, den Gott in uns angelegt hat, zu erfüllen, dann gilt es, sich für eine neue, nachhaltig gesunde Lebensweise zu entscheiden und weniger für eine temporäre »So-tun-als-ob«-Haltung. Würden wir einfach nur lernen, auf unseren Körper zu hören, wüssten wir genau, was er braucht, damit seine Zellen wieder auf hundert Prozent Energielevel kommen. Klingt einfach – und ist auch einfach. Weil es nur einer Entscheidung bedarf.

Wenn wir über das Thema Ernährung reden, geht es mit Sicherheit nicht darum, dass dich der eine Kartoffelchip oder das Stückchen Schokolade gleich ins Verderben stürzen. Doch wenn du dich bei der Aussage erwischst: »Wenn ich einen Chip esse, dann muss ich gleich die ganze Tüte leer futtern.« Oder: »Manchmal gelüstet es mich einfach nach einem Stückchen Schokolade und wenn sie dann da schon mal so vor mir liegt … Also, ich kann gar nichts dafür, dann esse ich wie besessen gleich mehrere Rippen – oder sogar die ganze Tafel.« Dann befindest du dich in einer Form von Abhängigkeit beziehungsweise Sucht, und das tut auf die Dauer weder Körper noch Seele gut.

Wir lernen am besten, wenn wir glauben, dass das, was wir zu lernen versuchen, wertvoll für uns ist – sagt der *Kurs*. Unserer Natur entsprechend setzen wir uns erst dann in Bewegung, wenn wir erkennen, dass es uns etwas bringt. Dass wir einen Nähr- oder Mehrwert davon haben.

Im Falle unseres Beispiels, wenn wir uns also bei unkontrolliertem Ess- oder sonstigem Suchtverhalten erwischen, dürfen wir getrost davon ausgehen, dass der Teufel seine Finger im Spiel hat. Das Ego in seiner Geschäftigkeit liebt es, dich glauben zu machen, dass du gar nicht anders kannst, als die ganze Tafel Schokolade oder die ganze Tüte Chips in dir verschwinden zu lassen. Ich sage: Doch, du kannst! Vorausgesetzt, du entscheidest dich dafür und übst dich darin, dem Ego Einhalt zu gebieten. Denn der Preis für deinen Kontrollverlust ist unter Umständen hoch. Erstens fühlst du mit Sicherheit im Anschluss ein schlechtes Gewissen in dir; und zweitens sorgt dieses für ein weiteres Gefühl, nämlich das der Charakterschwäche, und das sorgt in der Regel – wie sollte es anders sein – für emotionalen Stress. Und dieser Stress lässt dich dann gleich zur nächsten Schokoladentafel greifen und so weiter und so fort. Lerne deinen Körper verstehen und höre auf seine Signale. Steige ab heute ein für alle Mal aus dem Club der leer gegessenen Teller aus und erteile dem Ego eine Abfuhr, wenn es dich nötigen will weiterzuessen.

Ein weiterer großer Stressfaktor ist bei vielen Menschen der unzureichende Schlaf. Meiner Natur entsprechend neige ich dazu, mich in Arbeiten, die mir Freude machen, zu verlieren. So viel Abbitte kann ich meinem Körper in diesem Leben gar nicht leisten, um all den Schlafmangel wiedergutzumachen, den ich ihm abverlangt habe. Doch ich weiß, dass ich mit dieser Schwäche nicht allein dastehe.

Gerade wenn wir etwas Neues aufbauen oder in ein spannendes Projekt involviert sind, meinen wir oft, dass es schon in

Ordnung ist, uns vorübergehend wenig Ruhephasen zu gönnen. So verschieden wir Menschen sind, so unterschiedlich ist auch unser Schlafbedürfnis. Doch eine gewisse Portion Ruhe und Erholung benötigen wir alle. Wenn ich dauerhaft nicht genug Schlaf bekomme, bin ich nicht unbedingt gesellschaftsfähig. Meine Geduld ist dann viel schneller erschöpft, ich werde mäkelig und bin zu keiner guten Leistung fähig. Es kann aber auch sein, dass ich dann komplett überdreht bin und mit einem schier unkontrollierbaren Redeschwall meine Mitmenschen in Stress versetze.

Mein Körper fühlt sich am wohlsten, wenn er acht Stunden erholsamen Nachtschlaf erhält. Das habe ich durch teils bittere Erfahrungen lernen dürfen und bin heute eine Meisterin darin, die täglich (beziehungsweise nächtlich) übt. Mich interessieren keine spirituellen Tipps mehr, die verkünden, dass ein wirklich erwachter Mensch lediglich drei oder vier Stunden Schlaf braucht. Ich brauche acht Stunden – nicht mehr und nicht weniger.

Seit einiger Zeit widme ich mich sehr intensiv dem Thema Fitness und trainiere mehrmals in der Woche hart an meinem Muskelaufbau. Dazu hat mich die Geschichte der achtzigjährigen Bodybuilderin Ernestine Shepherd inspiriert, von der ich dir im fünften Kapitel schon berichtet habe, und die Tatsache, dass ich im Rahmen der Vorbereitung auf dieses Buch mit vielen Menschen jenseits der vierzig gesprochen habe, die meinen, dass Träume, besonders in Bezug auf den Körper, in diesem Alter keine Relevanz mehr haben sollten. Da ich Limitierungen jeder Art für unsere Entwicklung bedenklich finde und ich mich dadurch in meiner Freiheit eingeschränkt fühle, spornte mich die ein oder andere destruktive Bemerkung geradezu an, mich für eine Bodybuilding-Challenge zu entscheiden. In einem Jahr von null zur Bikiniathletin. Es macht mir unendlich viel Spaß.

Und was war das Erste, was ich gelernt habe, als ich mit diesem Sport begonnen habe? Dass keineswegs nur die aktiven Trainingseinheiten wichtig sind, sondern dass die Ruhephasen dazwischen ebenso maßgeblich zum Erfolg beitragen. Ein Muskel, der ständig gefordert wird, wächst wesentlich langsamer als ein Muskel, dem zwischendurch immer wieder eine ausreichende Ruhezeit gegönnt wird. Man kann das mit einem Gummiband vergleichen: Ein Gummiband, das ständig überdehnt wird, reagiert irgendwann nicht mehr und leiert aus. Es verliert an Spannkraft. Ebenso reagiert auch unser Muskel bei übermäßiger Belastung irgendwann nicht mehr.

So verhält es sich im Übrigen auch mit der Kettenreaktion, die bei Stress in unserem Körper ausgelöst wird. Irgendwann wird er zur Gewohnheit, und wir nehmen ihn nicht mehr wahr. Auf eine durch unsere fehlende oder verschobene Körperwahrnehmung scheinbar symptomlose Phase folgen dann – nicht selten, wenn es schon zu spät ist – irgendwann gesundheitliche Probleme und Beschwerden, die sich nicht mehr leugnen lassen. Es ist ähnlich wie beim ernährungsbedingten Diabetes: Wenn dauerhaft zu viel Zucker im Blut zirkuliert, werden die Rezeptoren auf den Körperzellen irgendwann resistent gegen das Hormon Insulin und »merken« dann gar nicht mehr, wenn das Blut ihnen Zucker herantransportiert. In der Folge erhöht sich dauerhaft der Blutzuckerspiegel – mit den entsprechenden negativen Auswirkungen auf den Organismus. Alle bösartigen Erkrankungen beginnen subtil und ohne große Schmerzen oder andere Anzeichen. Wenn die Symptome auffällig werden, ist es oft schon fast zu spät. Wir haben die Geduld unseres Körpers überspannt.

Ein erfülltes und bewusstes Leben zu führen ist ebenfalls eine Art Muskeltraining: Wir trainieren unseren spirituellen Muskel. Und dieser Prozess benötigt genauso seine Phasen der

Ruhe und Reflexion. Wie lange diese Erholungspausen für dich andauern sollten, kannst nur du allein herausfinden.

Und um das Thema Schlafmangel zu Ende zu bringen, möchte ich hier den Bogen schließen, denn ich weiß eines mit Bestimmtheit: Wenn du ständig übermüdet und latent gereizt bist, dann ist die Chance, dass dein Leben von deinem Ego gesteuert wird, größer als die Chance, dass du die zarte Stimme der Liebe noch hören kannst. Ständige Übermüdung führt zu oberflächlichem Handeln und verminderter Reaktionsfähigkeit. Und wenn du dann noch schnell reizbar und angespannt bist, dann wirst du mit großer Sicherheit Situationen in dein Leben ziehen, die weder dir noch den Menschen in deiner Umgebung zum Segen gereichen.

Egal, wie der Plan aussieht, den Gott in dein Herz gepflanzt hat, es entspricht nicht seinem Wunsch, dass du daran körperlich zerbrichst. Ganz im Gegenteil! Gott will, dass wir unser Leben genießen, dass wir jeden Tag Freude empfangen und geben. Der Preis, den wir dafür zahlen dürfen, wenn wir ein Leben aus der Liebe Gottes heraus kreieren wollen, ist nicht der, über unsere Kräfte zu gehen, sondern – Vorsicht, jetzt kommen zwei Worte, die extrem polarisieren werden: Gehorsam und Disziplin. (Ich bin jetzt vorsorglich schon einmal energetisch in Deckung gegangen ...) Doch will ich diese Provokation nicht ohne Erklärung einfach so stehen lassen.

Ich gehöre seit einiger Zeit keiner konventionellen Kirche mehr an, aus Überzeugung und weil der *Kurs* mir mit intensiver Innenschau dazu verholfen hat, Gott als gerechten, liebenden und gütigen Gott zu erleben. Die konventionellen Kirchen haben mich IHN eher als strafenden Gott verstehen lassen. Doch das ist ER nicht. Er vergibt uns in einem Moment und vergisst sogleich unsere vermeintlichen Fehler. Sobald wir uns zu ihm bekennen, gewährt er uns einen Neuanfang. Er segnet uns, und mit seiner Hilfe ist es möglich, diese Welt zu dem Paradies werden zu lassen, das sie in Wahrheit schon längst ist. Ich würde mich heute als eine Art christlichen Freigeist bezeichnen. Durch den *Kurs* habe ich einen völlig neuen Zugang zur Bibel bekommen. Beide sind für mich heute die essenziellsten Bücher in puncto Persönlichkeitsentwicklung und Körperbewusstsein.

Dennoch weiß ich, dass manchmal die Dinge wirklich nur schwarz oder weiß sind. So, wie es uns auch die Kirche lehrt. Es ist unmöglich, dass ich mich gleichermaßen für die Liebe und für die Angst entscheide. Was natürlich geht, ist eine Mischung aus ein bisschen Liebe und ein bisschen Angst – in meinen Augen ein Kompromiss mit fatalen Folgen. Denn alles, was wir halbherzig tun, ist nur von kurzem oder gar keinem Erfolg gekrönt.

Wenn ich in meinem Leben grundsätzlich etwas ändern und andere Erfahrungen machen möchte als die bisherigen, dann reicht es nicht, zu sagen: »Ich versuche es dann mal mit der Liebe!« Wie soll das gehen? »Ich versuche es mal« impliziert schon von Anfang an, dass ich davon ausgehe, eventuell zu scheitern. »Versuchen wir« uns so zu ernähren, dass unser Körper in vollkommener Vitalität seinen Dienst ausüben kann, dann halten wir uns mit dieser Formulierung in gewissem Sinne ein Hintertürchen für fadenscheinige Entschuldigungen offen, warum es dann doch nicht ganz so geklappt hat, wie wir eigentlich wollten. Eine liebe Bekannte von mir, die leidenschaftlich gerne raucht, doch langsam einen enorm hohen körperlichen Preis dafür zahlen muss, sagte kürzlich zu mir: »Also, im Prinzip rauche ich nicht mehr. Nur so eine oder zwei nach Feierabend noch oder bei einem Glas Wein am Wochenende.« Sie gab mir gleich zu verstehen, dass sie nicht wollte, dass ich irgendetwas dazu sage. Wer mich kennt, der weiß, dass diese Art der Inkonsequenz für mich Ausdruck des Pippi-Langstrumpf-Prinzips ist, bei dem die Wahrheit hier und da ganz nach Belieben modelliert wird – ein sicherer Weg zum Misserfolg.

Mein Rat dagegen lautet: Entscheide dich und gib dein Bestes. Du lernst am besten, wenn du glaubst, dass das, was du zu lernen versuchst, wertvoll für dich ist.

Denn wenn etwas wertvoll für dich ist, dann bist du bereit, alles zu geben. Dann ist Disziplin für dich lediglich ein Wort, das dich daran erinnert, welches Ziel du hast. Und Gehorsam ein Synonym für konsequente Umsetzung dessen, was Gott dir zu tun aufgibt, damit du das großartige Leben genießen kannst, das er für dich vorgesehen hat.

»An ihren Früchten sollt ihr sie erkennen und sollen sie sich selbst erkennen.« Wenn unsere Wurzeln müde, erschöpft und schlecht versorgt sind, dann sind wir nicht in der Lage, die Früchte hervorzubringen, zu denen wir in Wahrheit fähig sind.

Die großartigste Frucht, die du hervorbringen kannst, ist die der Liebe und der Freude. Der Moment, in dem du andere Menschen inspirierst, allein durch die Freude und Liebe, die du in dir trägst, macht einen enormen Unterschied. Du machst einen Unterschied.

Erlaube dem reinen Geist, dein Therapeut zu sein. Lass ihn in dir seine Funktion erfüllen. Lege dein Anliegen in Gottes Hände und gib ihm die Chance, dir Lösungen zu zeigen. Und dann befolge sie. Lass los, was dich verletzt, und vertraue!

Solltest du den Impuls bekommen, weniger Kaffee zu trinken, da dein Körper zur Übersäuerung neigt, dann diskutiere nicht und hole damit das Ego aufs Spielfeld; befolge diesen Impuls ganz einfach und trinke mehr Wasser oder Tee. Neigst du dazu, Fast Food im Übermaß zu dir zu nehmen – oder andere wenig förderliche Speisen, die deine Fettzellen unschön wachsen lassen –, höre auf, dich deswegen zu verurteilen, lege das Thema in die Hände von Gott und folge, was er zu tun dir aufgibt. Starte heute deinen Neuanfang und vergib dir mit Gottes Hilfe alle Ego-Gedanken, die dich bisher in körperliche oder emotionale Ausnahmesituationen geführt haben.

Streiche den Ausdruck »Ja, aber« aus deinem Wortschatz und entscheide dich jetzt. Ist dir deine Gesundheit wertvoll und lässt dich der Gedanke an ein vitales und erfülltes Leben vor Freude tanzen? Dann ist jedes »Ja, aber« vergeudeter Atem ... oder der »Kittelbrennfaktor«, wie man in Schwaben sagt, ist noch nicht hoch genug. Was heißen soll, dass es dir noch nicht wirklich ernst damit ist, einen echten Neuanfang zu starten.

Wenn du in allen Bereichen deines Lebens zufrieden oder sogar glücklich bist, so, wie es ist, dann ist alles wunderbar. Wenn du dich nackt im Spiegel betrachten kannst und begeistert von dir selbst bist, welch ein Geschenk. Doch wenn du etwas verändern möchtest, weil du mit dem jetzigen Zustand nicht zufrieden bist, dann lass dich durch die Prinzipien der Liebe wandeln und entscheide dich heute neu.

Du bist nie zu alt, zu klein, zu groß oder stammst aus der falschen Familie, um einen Neuanfang zu machen. Und lass dir nicht von anderen vorschreiben, wie dieser Neuanfang auszusehen hat. Nicht jeder hat die Ambition, seine komplette Freizeit im Fitnessstudio zu verbringen. Oder aus heiterem Himmel zum Marathonläufer zu avancieren. Auch ist es sehr unwahrscheinlich, dass wir alle hier auf dieser Welt sind, um als Fitness- oder Modemodels die Welt zu erobern. Doch sich etwas Bewegung in Form von Spaziergängen zu verschaffen oder einfach mal die Treppe statt den Fahrstuhl zu nehmen, sich einen gesundheitsförderlichen Lebensstil und eine ausgewogene Ernährung anzueignen – das kann jeder.

Das Ego liebt es, uns in falschen Denkmustern gefangen zu

halten, wie: »Das kann ich nicht«, »Das war schon immer so in unserer Familie«, »Ich habe es schon so oft versucht und bin doch immer wieder rückfällig geworden«.

Es ist nicht möglich, an Vergangenem festzuhalten und in alten Denkmustern zu verharren und gleichzeitig das Neue, Richtige zu tun. Der Mensch ist so gestrickt, dass er dem Weg folgt, den seine Gedanken vorgeben.

Wenn du also die Entscheidung triffst, dich ab jetzt gesünder zu ernähren, und nicht mehr so viel essen willst, gleichzeitig jedoch ständig ans Essen denkst – was glaubst du, was passiert? Wenn du weniger essen möchtest, dann schenke den Gedanken rund ums Essen weniger Aufmerksamkeit. Sag: »Danke, liebes Ego. Diesen Gedanken kenne ich schon. Der hat mich noch nie weitergebracht als bis zum Kühlschrank. Den denke ich nicht mehr.«

Das Ego macht einen Freudentanz, wenn es ihm gelingt, dich in Abhängigkeiten zu halten. Doch es ist ein Unding, gleichzeitig abhängig und frei zu sein. Wähle also weise. In der Bibel heißt es: »Alles ist mir erlaubt, aber nicht alles dient zum Guten. Alles ist mir erlaubt, aber nichts soll Macht haben über mich.« (1. Korinther 6,12)

Gleichzeitig unser größter Segen und Fluch ist die Freiheit, die uns Gott als unser Geburtsrecht mitgegeben hat. Du musst dir also keine Sorgen machen, dass du nicht in den Himmel kommst, nur weil es dir in diesem Leben nicht gelingt, dich für eine gesündere Lebensweise zu entscheiden. Die Himmelstür steht dir offen, auch wenn du dich weigerst anzuerkennen, dass dein Körper dir mit jedem Symptom ein Signal senden möchte, dass etwas in deinem Leben nicht stimmt und es vielleicht an der Zeit für eine Korrektur an der einen oder anderen Stelle ist.

Ganz egal, was du tust oder nicht tust: Gott wird dir am Ende vergeben, und dein Plätzchen auf einer Wolke zum Harfespielen ist dir sicher. Die Frage ist nur, ist das das Leben, das du leben möchtest?

Dieses Leben ist keine Generalprobe. Du entscheidest, ob es ein Leben ist, von dem du am Ende sagen kannst, dass es großartig für dich war und allen, die nach dir kommen, zum Segen gereicht. Oder ob es dir reicht, wenn du es so halbwegs mittelmäßig absolvierst in der Hoffnung, dass danach etwas Besseres kommt.

Die Energie folgt immer dem Geist. Das, was du denkst und sprichst, wird das sein, was du erntest. Eine gesunde Lebensweise beginnt von daher immer mit einer gesunden Denkweise. Um es mit Henry Fords Worten zu sagen: »Ob du sagst, du kannst es, oder du kannst es nicht, du hast immer recht.«

Wirkliche Verantwortung für sein Leben zu übernehmen bedeutet, ein Leben lang am Ball zu bleiben. Mir ist niemand bekannt, dem der Ego-Teufel nicht hier und da destruktive Gedanken in den Geist bläst. Gemeinsam würden uns jetzt mit Sicherheit unzählige Beispiele aus dem täglichen Leben einfallen. Das ändert sich auch nicht, wenn wir uns für das Leben entscheiden, das Gott in seiner Güte für uns vorgesehen hat. Auch wenn es diverse spirituelle Lehrer gibt, die uns das gerne glauben lassen würden. In unserem Tempel oder Vehikel – dem Körper – wird es bis zum letzten Atemzug zwei Bewohner geben: die Liebe und das Ego. Wir allein entscheiden, wem wir unsere Aufmerksamkeit schenken. Bis zum Schluss wird das Ego sich daran versuchen, uns vom rechten Wege abzubringen. Das ist das, wozu es sich berufen fühlt. Die Bereitschaft, uns selbst das Denksystem des Egos zu verzeihen, will genauso täglich trainiert werden wie das Etablieren eines täglichen Zeitfensters für unsere Begegnung mit Gott.

Wir schauen nach innen und entscheiden uns für die Art von Welt, die wir sehen wollen, und dann projizieren wir diese Welt nach außen und machen daraus die Wahrheit, die wir sehen. Was ich am *Kurs* und an der Bibel so liebe, ist, dass sie so unglaublich klar und in meinen Augen alltagstauglich sind. Wenn wir uns an ihre Prinzipien halten, dann tragen wir ein großes Stück zu einer besseren Welt bei. Der 29. Grundsatz für Wunder sagt:»Wunder preisen Gott durch dich. Sie preisen IHN, indem sie SEINE Schöpfungen ehren und deren Vollkommenheit bejahen. Sie heilen, weil sie die Identifikation mit dem Körper leugnen und die Identifikation mit dem reinen Geist bejahen.«

Am Anfang dieses Kapitels habe ich geschrieben, dass mir die Vorstellung gefällt, ob wir uns eher als Investoren oder als Spekulanten bezüglich unseres Körpers sehen. Als Investor bist du bereit, verantwortungsvoll mit deinem Körper umzugehen und ein gutes Verhältnis zu ihm zu pflegen. Als Investor investierst du in deinen Körper, indem du genau darauf achtest, was er braucht und was eben nicht. In dem Bewusstsein, dass jedem Menschen nur ein Körper in diesem Leben anvertraut wird, nimmst du dir Zeit, um seine Sprache zu verstehen. Die Sprache deines Körpers ist keine Geheimsprache, mit ein wenig Übung wirst du sie verstehen, denn sie ist immer auf den Menschen zugeschnitten, der den jeweiligen Körper für seine Lebensreise nutzt.

So unterschiedlich und individuell die Bedürfnisse von Körper zu Körper sein mögen, eines liebt jeder Körper: sich in einem basischen Milieu zu bewegen. Ein basisches Körpermilieu neigt wesentlich weniger dazu, krank zu werden. Jedem Tumor wird zumindest eine Existenzgrundlage entzogen, wenn der Körper mit basisch wirkender Nahrung versorgt wird. Natürlich liegt es nicht nur am Stress und/oder falschen Essen, wenn wir an Krebs erkranken. Eins fügt sich ins andere, doch an zwei Stellen können wir direkt beginnen, etwas zum Guten zu verändern, und das sind unsere Ernährung und unser Mindset.

Und zu einer ganzheitlichen, basischen Versorgung trägt eben nicht nur unser Essen bei, sondern auch – zu einem großen Anteil – unser Denkverhalten. Jede Form von Stress durch Sorge, Angst und andere Ego-regierte Gedankenblasen sorgt dafür, dass unter anderem in den Nebennieren Adrenalin ausgeschüttet wird. Das bedeutet, die schon beschriebene Alarmbereitschafts-Kettenreaktion wird in Gang gesetzt. Geschieht dies zu häufig, übersäuert dieser Prozess den Körper genauso wie ein Zuviel an Kaffee.

Ein Spekulant denkt sich: Das kriege ich dann schon wieder hin. Wofür gibt es denn die Medizin. Einer dauerhaften Übermüdung und Erschöpfung beziehungsweise der daraus entstehenden depressiven Verstimmung wird gegebenenfalls mit einem stimmungsaufhellenden »Pillchen« einfach entgegengewirkt. Fehlende körperliche Bewegung und eine unausgewogene Ernährung, die in Gelenkproblemen oder Ähnlichem zu münden droht: für den Spekulanten kein Problem. Er lässt sich kurzerhand durch medizinische Künste wieder »reparieren«, nimmt vielleicht dazu schmerzstillende Medikamente und freut sich, dass er als Ergebnis so weitermachen kann wie bisher.

Bitte verstehe mich an dieser Stelle richtig. Ich bin eine Freundin der Medizin und dankbar, was durch die Forschung heute alles möglich ist. Doch wenn ein Mensch, der über die Maßen Raubbau mit seinem Leben und seinem Körper betreibt, anstatt die Ursache zu ergründen und zu beseitigen, seinen Körper einfach mit Medikamenten »betäubt« – dann frage ich mich, wie wertvoll diesem Menschen sein Körper eigentlich ist. Oder anders gefragt: Wie groß ist seine Angst vor Heilung? Wir zahlen immer einen Preis für die Dinge des Lebens.

Denn es liegt in der Natur der Sache, dass das Universum kein Vakuum akzeptiert. Es gibt keinen wirklich leeren Raum. Ganz egal, wo etwas entnommen wird, es muss etwas Neues hineingegeben werden, da sonst die vorher entfernte Energie ihren Platz wieder einnimmt. Bin ich mir jedoch nicht darüber im Klaren, was ich stattdessen haben will, kann es schwierig werden. Viele Menschen, die an einer sogenannten chronischen Krankheit leiden, erleben einen enorm großen sekundären Gewinn durch ihre gesundheitliche Situation. Im Rahmen meiner Ausbildung zur NLP-Trainerin habe ich Interviews zu diesem Thema mit Betroffenen geführt. Es war erstaunlich, in welcher Ehrlichkeit mir viele Interviewpartner bestätigt haben, dass sie zwar enorm unter ihren körperlichen Herausforderungen leiden, jedoch auch zu keinem Zeitpunkt ihres Lebens so viel Zuwendung erhalten haben. Was sie wiederum sehr genießen. Die Aussage einer schwer kranken Frau ist mir dabei sehr im Gedächtnis verhaftet:»Da kann man ja fast Sorge bekommen, wieder gesund zu werden. So viel Aufmerksamkeit und Zuspruch habe ich mein ganzes Leben nicht erfahren.« Ob sie sich der Tragweite ihrer Aussage bewusst war?

Ein weiteres Beispiel ist die Geschichte von einem Mann, der sich über viele Jahre mit Heuschnupfen plagte. Nach einer langen Kranken- und Therapiereise begab er sich schließlich in die Hände eines mit Tiefentrance arbeitenden Therapeuten. Als sie in einer der Sitzungen fast an den Kern seiner Allergie gelangten, schreckte er inmitten der Sitzung auf, sah den Therapeuten entsetzt an und sagte:»Um Gottes willen, wenn ich keinen Heuschnupfen mehr habe, dann bedeutet das ja, dass ich keinen Grund mehr habe, den Rasen nicht zu mähen! Wissen Sie, meine Frau wollte unbedingt ein großes Grundstück mit viel Grünfläche. Die ganze Geschichte ist sehr pflege- und zeitintensiv. Gerne habe ich ihr diesen Wunsch erfüllt, doch ich hasse schon seit Kindheitstagen das Rasenmähen, da ich es als Kind immer tun musste. Es ist für mich die reinste Strafe.« Da war der Heuschnupfen fast schon ein Segen für ihn.

Des Menschen Wille ist sein Himmelreich. Weder ich noch irgendjemand hat das Recht, über einen anderen Menschen zu richten. Das sollten wir Gott überlassen. Wir haben in der Regel genug mit uns selbst zu tun. Wir urteilen schnell und gerne. Nehmen wir uns jedoch Zeit für die Geschichte des anderen und lauschen für einen Moment seiner inneren Wahrheit, werden wir sein Verhalten immer ein Stück weit mit seinen Augen sehen – und verstehen – können.

Wenn wir wirklich etwas verändern wollen in unserem Leben, dann müssen auf Gedanken Worte und auf Worte Taten folgen. Nur vom Wünschen allein wird sich die Veränderung, nach der wir uns sehnen, nicht ergeben.

Der *Kurs* sagt: »Durch das Gebet wird Liebe empfangen, und durch Wunder wird Liebe ausgedrückt.« Nutze das Gebet als Medium, um Wunder in deinem Leben zu empfangen. Gott wird dir immer durch den reinen Geist die Antworten zukommen lassen, die es dir ermöglichen, auf allen Ebenen Wunder zu erfahren. Doch ums TUN wirst du nicht herumkommen.

»Was möchtest du, was ich tue?«, heißt es in einem Gebet aus *Ein Kurs in Wundern*. Nicht, was wirst du für mich tun oder was wird man für mich tun. Sondern was möchtest du, was ich tue. Gehorsam und Disziplin sind die zwei Gefährten, mit denen du dich anfreunden darfst, wenn du heute deinen Neuanfang startest. Gehorsam bedeutet, die Antworten und Impulse, die Gott dir zukommen lässt, auch konsequent umzusetzen. Wenn du mit jeder Zelle in dir fühlst, dass es für dich besser ist, die Treppen statt den Aufzug zu benutzen, dann diskutiere nicht, sondern laufe die Treppen! So einfach ist das. Und Disziplin bedeutet, dich immer wieder daran zu erinnern, was du wirklich willst, und dafür einzustehen. Im Prinzip sind sie also etwas sehr Nährendes, der Gehorsam und die Disziplin. Gott, der Liebe gegenüber gehorsam zu sein, hat mir immer nur den größten Segen beschert. Und so wird es auch bei dir sein.

Du wirst durch die Liebe Gottes niemals einen Impuls erhalten, der dir nicht zum höchsten und besten Wohle gereicht. Gott wird auf wundervolle Weise Türen für dich öffnen, wenn du ihn lässt. Egal, wie aussichtslos deine Lage jetzt gerade auch scheint, wie viele Fehlstarts du schon hingelegt hast. In dem Moment, in dem du Gott bittest, dich zu führen, wird er dafür sorgen, dass du einen Segen erfährst, wie du ihn niemals erwartet hast. Es werden Menschen in dein Leben kommen, die dir Chancen anbieten und dich auf neue Wege hinweisen – so wie es mir damals ergangen ist, als Christine und Falk eines meiner Seminare besuchten.

Du bist wichtig, damit sich Gottes Plan erfüllt. Und damit du deinen Beitrag dazu leisten kannst, bedarf es dieses wundervollen Körpers, den du dir ausgesucht hast. Und es hätte kein schönerer sein können als der, den du Tag für Tag nutzt.

Du bist es wert, vital und kraftvoll deine Träume in die Realität zu bringen.

Ich vertraue dir und glaube an dich!

Auf den Punkt gebracht

Wir sind nicht nur unser Körper, sondern viel mehr als das. Doch ist unser Körper die heilige Stätte, durch die wir das Leben als Mensch überhaupt erst erfahren können. Er ist das Vehikel, das uns durch das Abenteuer Leben führt. Um in diesem Leben Freiheit und Erfüllung zu erfahren, müssen wir uns dieser Voraussetzung bewusst sein und gleichzeitig die volle Verantwortung übernehmen, für diesen wundervollen Tempel, den Körper, gut zu sorgen. Du hast ihn dir für diese Inkarnation bewusst ausgesucht. Und glaube mir, du hättest gar keinen besseren Körper wählen können als den, den du in diesem Leben dein Eigen nennst. Gott hat dich mit einer exzellenten Grundausstattung bedacht.

Solange wir unseren Körper als unser Zuhause nutzen, haben wir zwei Mitbewohner: das Ego und die Liebe! Mach dich frei von dem Gedanken, dass du einem von beiden Hausverbot erteilen kannst. Doch du hast in jedem Moment die Wahl, wem von beiden du deine Aufmerksamkeit schenkst und damit den größten Raum und das Sagen in deinem Körper überlässt. Du allein hast das in deiner Hand. Es ist deine Entscheidung.

Darum kannst auch nur du die Frage beantworten, ob du dich in der Vergangenheit eher wie ein Spekulant oder wie ein Investor in Bezug auf deinen Körper verhalten hast. Statistiken zufolge gehen die meisten Menschen eher wie ein Spekulant mit ihrem Körper um. Sei es in Bezug auf die Ernährung, die Einstellung zum Körper oder den Stresspegel, dem sie ihn regelmäßig aussetzen.

Jede Form von Dauerstress ist reines Gift für jede einzelne unserer Milliarden Körperzellen. Denn Stress übersäuert den Körper und bildet so einen guten Nährboden für Erkrankungen aller Art. Dabei spielt es keine Rolle, ob der Stress mentaler, gesellschaftlicher, physischer oder psychischer Natur ist. Jedes Mal beginnt genau dieselbe Kettenreaktion im Körper und sorgt über kurz oder lang dafür, dass die Zellenergie sich dem Ende zuneigt. Das »rote Öllämpchen« leuchtet auf und wird in der Regel lange Zeit nicht beachtet. Der Grund: Solange die Körperzelle noch über mindestens fünfzig Prozent Energie verfügt, kann der gesamte Organismus mit ausgeklügelten Kompensationsmechanismen dem Zusammenbruch entgegenwirken. Unser Körper ist enorm intelligent und hat jede Menge Puffer eingebaut. Doch ab unter fünfzig Prozent Energielevel beginnt er nach und nach erst leichte, dann eventuell sogar schwere Symptome zu erzeugen; bis hin zu schweren Krankheitsbildern. Krankheit, Schwäche und Schmerz sind die einzige Form der Kommunikation, mit der unser Körper uns gegenüber zum Ausdruck bringen kann, dass wir gerade mehr dem Ego als der Liebe Folge leisten. Dass irgendetwas in unserem Leben nicht rund läuft. In der Regel ist es so, dass wir sehr wohl um die ein oder andere »Baustelle« in unserem Leben wissen, die wir besser beheben sollten. Doch aus Angst, Zweifel oder mangelndem Selbstbewusstsein werden die Signale nur zu oft ignoriert in der Hoffnung, dass sich alles wieder von allein legen wird. Gerade aus der Energie des Spekulanten hoffen wir darauf, dass es schon irgendwie gut gehen wird. Allein das dem »schon irgendwie« zugrunde liegende diffuse Gefühl ist schon Hinweis genug, dass es nicht so sein wird. Ich verallgemeinere hier ganz bewusst, denn mir ist noch kein Mensch begegnet, der beim Spekulieren ein von Grund auf gutes Gefühl in sich getragen hat.

Negative Gedanken, Emotionen und Überzeugungen sowie negative Worte, die wir sprechen, sorgen nicht nur in unseren Beziehungen dauerhaft für Stress, sondern verursachen auf Dauer auch Krankheit und enormen Vitalitätsverlust. Positive Gedanken, Emotionen, Überzeugungen und Worte, die wir sprechen, fördern hingegen unsere Vitalität und die Gesundheit auf allen Ebenen.

»Wer gelassen und ausgeglichen ist, lebt gesund. Doch der Eifersüchtige wird von seinen Gefühlen zerfressen.« (Sprüche 14,30; HFA) Ein gelassenes Herz wird immer die Gesundheit des Körpers unterstützen, doch das fehlgelenkte Ego-Denken lässt nicht nur unser Herz schwer werden, sondern belastet auch den Körper.

Ein Mensch, der seinen Werten entsprechend lebt, der glücklich ist mit sich und der Welt, der im Frieden mit seiner Geschichte ist und der Liebe dient, wird gesund sein. Hüte dich von daher davor, Böses über dich selbst oder einen anderen zu reden, und wende dich von jenen ab, für die Tratsch, Lästereien und Klatsch eine Art Freizeitbeschäftigung sind. Es tut weder dir noch den Menschen in deiner Umgebung gut, schlecht über sich oder andere zu reden.

Es ist für unser Wohlsein wichtig zu verstehen, dass jedem Schmerz und jedem Vitalitätsverlust eine essenzielle Botschaft zugrunde liegt, mit der unser Körper uns etwas signalisieren möchte. Und es kann sein, dass diese Botschaft genau der Hebel ist, der unser ganzes Leben zum Positiven verändert. Wenn wir ehrlich mit uns selbst sind, dann wissen wir meistens sowieso sehr genau, worum es geht. Doch das Ego mit seinen Lügengeschichten versucht uns davon abzuhalten, selbstverantwortlich die wirkungsvollen Schritte zu gehen, die uns einen vitalen und jungen Körper bescheren würden. Die gute Nachricht lautet: Wir können das ändern, und zwar in diesem Augenblick. Es ist – wie so oft – eine Entscheidung. Weise das Ego in seine Schranken, indem du laut zu ihm sagst: »Stopp!«

Ich war das beste Beispiel für den Preis, den wir zahlen dürfen, wenn wir die Botschaften unseres Körpers missachten. Unter anderem zwei Bandscheibenvorfälle fallen nicht einfach so vom Himmel und haben ihre Ursache auch niemals ausschließlich in falscher oder mangelnder Bewegung.

Wende dich bewusst der Liebe in dir zu, um mit deinem Körper ins Gespräch zu kommen, und frage ihn, was genau er braucht. Ist es eine andere Form der Ernährung oder der Bewegung? Oder sind es deine destruktiven Gedanken, die ihn übersäuern lassen und die zu ändern er dich auffordert?

Was immer es auch ist, frage ihn, was er dir mitteilen möchte, und er wird dir umgehend antworten. Wenn diese Vorgehensweise neu für dich ist, dann lass dich doch einfach zunächst für einen bestimmten Zeitraum darauf ein. Du wirst den Unterschied, den dieses Bewusstsein in Bezug auf deinen Körper macht, bald feststellen können. Habe Geduld und übe dich ab jetzt täglich in der Kunst der Meditation und des Gebets, damit du die Antworten und Botschaften deines Körpers ab jetzt zeitnah in Empfang nimmst. Du kannst dir sicher sein, du wirst durch die Liebe Gottes niemals einen Impuls erhalten, der dir schadet. Löse dich also von jedem »Wenn« und »Aber« und tu einfach, wonach dein Körper sich sehnt. Ein neuer Weg entsteht, indem du ihn in Liebe gehst.

Weiter oben in diesem Kapitel habe ich dich schon einmal aufgefordert, dem reinen Geist die Erlaubnis zu geben, dir als Therapeut zur Seite zu stehen. Lass ihn seine Funktion in dir erfüllen. Lege im Gebet dein Anliegen in seine Hände und gib ihm die Chance, dir Lösungen zu zeigen. Und dann befolge sie. Lass los, was dich verletzt, und vertraue! Vergib dir selbst allen Glauben an die vielen Ego-Gedanken, die dich an diesen Punkt haben kommen lassen, und freue dich auf einen Neuanfang. Diskutiere weder mit deinem Körper noch mit dem Heiligen Geist, sondern setze um, was du durch sie erfährst. Ich verspreche dir, das wird in deinem Leben einen ebenso großen Unterschied machen, wie es das auch in meinem und dem Leben vieler anderer gemacht hat. Werde ab jetzt zu einem weisen Investor in das, was dir das Leben überhaupt erst möglich macht: dein wundervoller Körper!

Schreibe dir folgende Botschaft auf einen Zettel und klebe ihn an einen für dich strategisch günstigen Platz: »Ich bin wichtig, damit sich Gottes Plan durch mich erfüllt. Und damit ich meinen Beitrag dazu leisten kann, bedarf es dieses wundervollen Körpers, den ich mir ausgesucht habe. Und es hätte kein schönerer sein können als der, den ich Tag für Tag nutze. Ich bin es wert, vital und kraftvoll meine Träume in die Realität zu bringen. Ich bin wertvoll und mir meines wundervollen Körpers voll und ganz bewusst!«

MIR BEWUSST SEIN

Nimm dir etwas Zeit, um zu reflektieren, wie du mit deinem Körper bisher umgegangen bist – und wie du es in Zukunft tun möchtest:

Welche Signale deines Körpers hast du in letzter Zeit wahrgenommen und noch nicht umgesetzt beziehungsweise missachtet?

....

....

....

Siehst du dich in Bezug auf deinen Körper eher als Spekulant oder als Investor?

....

....

....

Wie haben Stress oder destruktive Gedanken in der Vergangenheit dein Wohlbefinden und die Freude an deinem Leben beeinflusst?

....

....

....

....

Welche Faktoren lösen momentan in deinem Leben Stress aus und gefährden deinen inneren und äußeren Frieden?

....

....

....

Du weißt jetzt um den Unterschied, den es für deinen Körper macht, je nachdem, ob du der Liebe oder dem Ego das Sagen überlässt. Begründe für dich, warum die Liebe dich vor stressbedingten Erkrankungen bewahren kann.

....

....

....

Wie würde es dein Leben verändern, wenn du dich ab heute fern von Tratsch und Klatsch hältst? Wenn du dich von den Menschen abwendest, die schlecht oder verleumderisch über andere sprechen? Meinst du, es würde den Stress in deinem Leben verringern? Wäre dadurch mehr Frieden in deiner Welt möglich?

....

....

....

Ich bin bereit, durch die Gnade der Liebe, der ich ab heute die Leitung über mein Leben gebe, Vertrauen und Frieden zu erfahren. Sie wird mich dabei unterstützen, Worte zu sprechen, die der Liebe entspringen. Jedes Wort, das ich sage, wird ab sofort mir und auch jedem anderen Frieden und Wohlergehen für Körper, Geist und Seele bringen. Durch die Kraft der Liebe werde ich niemals die Sonne über meinem Zorn untergehen lassen und meinem Körper die Ruhe gönnen, die er braucht, um zu regenerieren. Alles, was ich bin und habe, lege ich vertrauensvoll in die Hände Gottes und erlaube, dass er meine Einstellung korrigiert, wenn sie nicht dem höchsten Wohle entspricht. Amen.

9
Sei dir deiner Macht bewusst

*Im Anfang war das Wort, und das Wort war bei Gott,
und das Wort war Gott. Dieses war im Anfang bei Gott.
Alles wurde durch dasselbe, und ohne dasselbe wurde
auch nicht eins, das geworden ist. In ihm war Leben,
und das Leben war das Licht der Menschen.*

JOHANNES 1,1–4

Das Wort war da. Doch die Schöpfung wurde. Die Schöpfung wurde durch das gesprochene Wort. Alles, was du in der Schöpfung findest, ist im Ursprung auf das Wort zurückzuführen. Für die Beziehung von Mensch zu Mensch ist das gesprochene Wort von essenzieller Bedeutung.

Fragten wir uns jedes Mal, bevor ein Wort unsere Lippen verlässt, was die Liebe sagen würde, und wären wir bereit, es ihr gleichzutun, dann brächten wir mit jedem Wort Segen und Frieden in die Welt. Das wäre wunderbar und würde die weltpolitische Lage mit Sicherheit enorm verbessern helfen. Aus der Liebe heraus ist jede Form der Kommunikation möglich. Jedes Feedback, das wir einem anderen geben, wird zu einem konstruktiven Impuls, wenn es aus der Kraft der Liebe gegeben wird. Jede Meinungsverschiedenheit kann zu einem für beide Seiten bereichernden Ergebnis führen, wenn die Liebe spricht. Denn die Liebe hat zum Grundsatz: Ich achte mich und ich achte dich. Kommunizieren wir aus der Liebe heraus, bedeutet das nicht, dass wir allem kritiklos zustimmen oder unsere Wahrheit verleugnen. Aus der Liebe kommunizieren heißt, dass Verstand und Herz eine Einheit bilden und wir nicht auf Biegen und Brechen auf unserer Ansicht bestehen und einen nicht vorhandenen Anspruch, recht zu haben, geltend machen.

Worte, die aus Angst oder Verletzung gesprochen werden, erzeugen nur noch mehr Angst oder Verletzung. Das ist die große Gefahr, wenn wir jemanden überzeugen wollen und ins Diskutieren gehen; es gibt in der Regel immer einen gefühlten Verlierer. Das Ego, der Teufel, liebt es, uns über die Sprache zu steuern. Wie oft habe ich in meinem Leben schon gedacht: »Hätte ich doch lieber meinen Mund gehalten.« Oder: »Hätte ich doch einfach mal kurz durchgeatmet, anstatt aus dem Moment heraus zu antworten.« Impulsives Handeln und Sprechen macht dem Ego eine Riesenfreude und beschert uns in der Regel Missverständnisse und Kummer.

Sobald es dem Ego gelingt, uns über seine gemeinen Tricks zu steuern – und dazu gehört mit an erster Stelle unkontrolliertes impulsives Sprechen –, vertiefen wir unbewusst den Glauben an unser Getrenntsein von Gott. Wenn wir ganz ehrlich sind, fühlen wir uns nach intensiven Wortgefechten meist schlecht. Gespräche, in denen wir uns oder andere verletzen, setzen in uns ein enormes Potenzial an Schuldgefühlen frei. Dieses steigt, seinem toxischen Naturell entsprechend, langsam auf und vergiftet nach und nach unseren gesamten Lebensraum. Wir fühlen uns auf eine gewisse Art schuldig, weil wir tief in uns wissen, dass wir für einen Moment der Liebe den Rücken zugewandt und dem Ego freien Lauf gelassen haben. Zudem aktiviert dieses aus den unendlichen Tiefen unseres Unterbewusstseins aufsteigende Gefühl der Schuld den klassischen Archetyp des Sünders in uns.

Wir empfinden es als Sünde, dass wir uns dem Ego anvertraut haben, und meinen, dass wir uns dadurch von der Liebe als getrennt erleben müssen – quasi als eine Form von Selbstbestrafung. Ein wahrer Teufelskreis nimmt daraufhin seinen Lauf, aus dem heraus nicht selten betrogen, gelogen und noch mehr verletzt wird. Wie ein Kind, das sich aus Angst vor der Strafe der Eltern in einem Lügennetz verstrickt, obwohl es in Wahrheit einfach nur in den Arm genommen und geliebt werden möchte. Das Ego setzt in solchen Momenten eine komplexe Maschinerie in Gang, um uns in diesen toxischen Gedankenmustern und Sehnsüchten gefangen zu halten.

Es schürt unsere Angst, aus der heraus immer mehr verletzende Worte fallen, und verstrickt uns sukzessive immer tiefer und tiefer in seine niederträchtigen Machenschaften. Schließlich kommt es zum »Showdown«, bei dem das Ego uns Sicherheit und Stärke verspricht, wenn wir ihm nur weiter folgen und beginnen, unsere Ängste einfach zu leugnen. Einfach so tun, als wäre nichts geschehen. Als hätten wir nichts damit zu tun. »Der andere hat angefangen. Was kann ich dafür? Auf so ein unfaires Verhalten konnte ich gar nicht anders reagieren. Ich muss mir ja nicht alles gefallen lassen!« Oder: »Das war doch reines Mobbing, und dem muss man rigoros entgegenwirken!«

So oder so ähnlich könnte unsere Verteidigung dann klingen. Doch Angst und Scham lassen sich nicht einfach dauerhaft unterdrücken. Diese toxische Ladung vergiftet unser gesamtes System. Lügen, Demütigungen und Betrug sind die Folge, wenn Menschen anfangen, aus Angst vor der Angst sich selbst zu verleugnen. Der Teufel reibt sich derweil die Hände voller Freude, dass sein perfider Plan aufgeht, und beobachtet jubilierend, wie

Menschen beginnen, ihre Ängste auf andere Menschen zu projizieren in der Hoffnung, dadurch selbst wie von Zauberhand von ihnen befreit zu werden. Eifersucht, Neid, Missgunst, Verlustängste und Angriffsgedanken beginnen ihre Gedanken und ihr Verhalten zu regieren. Das Ergebnis finden wir in Form von inneren und äußeren Kriegsschauplätzen jeden Tag in unserer Welt. Der einzige Zauber, der diesen Spuk beenden kann, ist die Präsenz der Liebe.

»Die Liebe ist langmütig und freundlich, die Liebe eifert nicht, die Liebe treibt nicht Mutwillen, sie bläht sich nicht auf, sie verhält sich nicht ungehörig, sie sucht nicht das Ihre, sie lässt sich nicht erbittern, sie rechnet das Böse nicht zu, sie freut sich nicht über die Ungerechtigkeit, sie freut sich aber an der Wahrheit; sie erträgt alles, sie glaubt alles, sie hofft alles, sie duldet alles.« (1. Korinther 13,4–7)

Ganz anders das Ego: Neben all den Dingen, die wir schon besprochen haben, liebt es das Ego, in den Vergleich zu gehen. Es ist keine schöne Sache, ständig mit anderen verglichen zu werden. Als meine Kinder noch klein waren, bin ich selbst in einem unbedachten Moment in diese Falle getappt. Die Tochter einer Freundin aß, meines Erachtens nach, besonders akkurat mit Messer und Gabel. Die Essenszeiten in ihrer Familie waren nie besonders harmonisch. Die Mutter saß selten mit am Tisch, da ihre Familie erwartete, dass sie alle bediente. Und ihr Mann liebte es, ausschweifend über seine Arbeit zu reden, sodass keinem anderen Familienmitglied eine Chance blieb, sich ebenfalls mitzuteilen. Hingegen lieben meine Familie und ich von jeher unsere gemeinsamen Essen, bei denen immer viel gelacht wird und jeder den Raum hat, alles zu erzählen, was ihm wichtig ist. Wir segnen gemeinsam das Essen, bereiten es gemeinsam vor, und jeder trägt etwas zu einem gelungenen Zusammensein bei. Beide Töchter haben auf ihre Art schon immer ganz selbstverständlich ihren Teil dazu beigetragen – mal mehr, mal weniger. Alles in allem also wirklich eine familiäre Situation, der meine ganze Dankbarkeit gebühren sollte und die in keiner Weise ein Nährboden für Kritik sein dürfte.

Doch dann eines Tages, was tue ich? Ich schaue einer meiner Töchter beim Essen zu und habe nichts Besseres zu tun, als dieses ohnehin mit guten Tischmanieren ausgestattete Kind darauf hinzuweisen, dass Merle, die Tochter der Freundin, in meinen Augen besonders perfekt mit dem Besteck umgeht. »Schau mal, mach es doch so wie Merle. Sie ist so geschickt.« Das war einer dieser Momente, von denen ich im Nachhinein dachte, dass Schweigen die bessere Alternative gewesen wäre. Es war eindeutig nicht die passende Art, einem anderen Menschen gute Gefühle zu machen, und schon gar nicht seinem eigenen Kind. Das ist nur ein kleines Beispiel, doch ich bin mir sicher, dass dir jetzt viele ähnliche Momente aus deinem Leben einfallen könnten. Aber hole bitte nichts wieder zurück ins Jetzt, was du in einem der anderen Kapitel schon verabschiedet hast. Ich denke, wir beide wissen, wovon ich hier rede, und können die Sache auf sich beruhen lassen.

Nur so viel: »Wenn ich mit Menschen- und mit Engelszungen redete und hätte die Liebe nicht, so wäre ich ein tönendes Erz oder eine klingende Schelle.« (1. Korinther 13,1)

Einen wichtigen Beitrag zur inneren und äußeren Kommunikation leisten unsere fünf Hauptsinne: Sehen, Hören, Fühlen, Riechen und Schmecken. Dabei ist es individuell verschieden, wie stark beziehungsweise in welcher Reihenfolge wir die Eindrücke, die uns die Sinneskanäle übermitteln, wahrnehmen und gewichten. Und entsprechend unterschiedlich kommunizieren wir auch.

Wenn sich zum Beispiel Menschen über ihre Urlaubserinnerungen am Meer austauschen, werden einige von ihnen das Meer, den Strand und die Sonne vor ihrem inneren Auge sehen. Andere werden das Wasser und die Wärme der Sonne auf der Haut spüren, während sie über ihre Urlaubserlebnisse sprechen. Wieder andere hören das Rauschen des Meeres oder erinnern sich primär an den Geruch oder den salzigen Geschmack des Meeres. Unser Gehirn speichert nicht die Worte für einen Sinneseindruck, sondern die Worte, die wir sprechen oder denken, sind Auslöser für innere Bilder, Stimmen, Klänge, Gerüche, Geschmackseindrücke und Gefühle.

Jeder einzelne Sinneseindruck beeinflusst uns, denn er ist es, der positive oder negative Gefühle in uns erzeugt. Darum ist es so wichtig zu erkennen, dass wir stets die Möglichkeit haben, selbst zu entscheiden, in welchen Zustand wir eintauchen wollen und in welchen nicht.

Der *Kurs* sagt:»Meine Gedanken sind Bilder, die ich gemacht habe.«

Und wir denken so unwahrscheinlich viel den ganzen lieben Tag. Einige Menschen können Stunden damit verbringen, darüber nachzugrübeln, was andere wohl über sie denken. Je unsicherer sie selbst sind, desto fatalere Auswirkungen kann dieses Gedankenkarussell für sie haben. Als junge Frau entwickelte ich aufgrund meiner damaligen Instabilität eine Form von sensitivem Beziehungswahn. Jeden Blick, jedes Wort von anderen brachte ich in negativer Form mit mir selbst in Beziehung. Es reichte schon, wenn zwei andere Menschen sich in meiner Gegenwart miteinander unterhielten und ihre Blicke im Laufe des Gesprächs in meine Richtung wanderten. In dem Moment stand für mich fest: Die reden über mich, und zwar nichts Gutes. Hörte ich unvermittelt ein in meinen Ohren hämisches Gelächter in meiner Umgebung, redete ich mir ein, dass dieses Gelächter mir galt. Nicht selten suchte ich sofort den nächsten

Spiegel auf, um zu kontrollieren, ob alles in Ordnung mit mir war. Was für eine zermürbende Angewohnheit. Ich erzähle dir das, weil es so unglaublich viele Menschen gibt, denen es ähnlich geht. Und die Krux ist, dass sich diese Menschen aufgrund ihrer Wahrnehmungsstörung dann tatsächlich merkwürdig verhalten und das wiederum sehr irritierend für ihre Mitmenschen sein kann.

Jede Idee beginnt im Geist des Denkenden. Und dieser Geist kann nicht zwei Herren gleichzeitig dienen. Das Ego spricht immer zuerst, ist laut, launisch und destruktiv. Das Ego meint es niemals gut mit dir, denn es hat viel zu viel Angst, dass du ihm die Macht über dich entziehst. Und spätestens dann, wenn du dir dieser Tatsache bewusst wirst, hat es ja auch allen Grund dazu. Wäre es dir wohlgesinnt, dann würde es sich freuen, wenn du dich als die vollkommene Liebe, die du in Wahrheit bist, zu erkennen beginnst. Tut es aber nicht. Denn es lebt davon, gebraucht zu werden. Das Ego ist Verlustangst in seiner reinsten Form. Das Ego wurde nicht als Teil der Liebe erschaffen. Die Liebe wurde durch Gott erschaffen, als der Teil, durch den er sich durch dich erfährt. Das Ego wurde aus dem Menschsein erschaffen. Es wird sich immer als getrennt erfahren, getrennt vom Geist Gottes. Doch du weißt jetzt, dass diese Trennung lediglich eine Illusion und Lüge des Egos ist.

Der *Kurs* sagt: »Gott lehrt nicht. Lehren setzt einen Mangel voraus, von dem Gott weiß, dass es ihn nicht gibt. Gott ist nicht Konflikt. Lehren zielt auf Veränderung ab, Gott aber schuf das Unveränderliche. Die Trennung war kein Verlust der Vollkommenheit, sondern ein Versagen der Kommunikation. Eine schroffe und schrille Kommunikation entstand durch die Stimme des Egos. Sie konnte den Frieden Gottes nicht zerschlagen, wohl aber den deinen. Gott hat sie nicht ausgelöscht, weil sie auszulöschen sie anzugreifen hieße. SELBST infrage gestellt, stellte ER nicht infrage. ER gab nur die Antwort. SEINE Antwort ist dein Lehrer.«

Darum liegt es mir fern, dieses Buch zum Ende hin zu einem Lehrbuch der Kommunikation werden zu lassen. Nein, der Titel lautet »Vergebung macht stark! Lass los, was dich verletzt«. Dennoch ist es eine Tatsache, dass eine der subtilsten und zerstörerischsten Waffen, die wir als Menschen nutzen können, um uns selbst oder andere zu verletzen, die verschiedenen Arten der Kommunikation sind. Und wir können nicht *nicht* kommunizieren. Jede Geste und jeder eindringliche Blick können einen ermutigenden oder vernichtenden Effekt auf unser Gegenüber haben und mehr sagen als tausend Worte. Ich selbst bin in einem Umfeld groß geworden, wo diese Art der Kommunikation – mit Blicken dem Ausdruck zu verleihen, was man zu sagen sich nicht traut – gelebt wurde. Eine grausame Art, miteinander umzugehen, da derjenige, dem die Blicke gelten, kaum eine Chance hat, darauf angemessen zu reagieren. Menschen, die sich dieser perfiden Ausdrucksweise bedienen, wollen von ihrem Umfeld in der Regel als wohlwollend und verständnisvoll wahrgenommen werden. Sie sind quasi ein Wolf im Schafspelz. Jede Form von offenem Konflikt passt nicht in das von ihnen aufgebaute Weltbild, in dem immer alles gut ist. So erleben wir sie nach außen meist als sehr angepasst und eher zurückhaltend. Doch die Menschen, die ihnen sehr nahestehen, vor allem ihre Kinder und Ehepartner, kennen die Kehrseite nur zu gut.

Durch unsere Kommunikation – sei es in Form von Sprache, Gestik oder Mimik – üben wir automatisch einen Einfluss auf uns selbst und unsere Umwelt aus. Und wir können entscheiden, ob dieser Einfluss ein positiver oder negativer sein soll. Mit großer Wahrscheinlichkeit haben die von mir oben beschriebenen Menschen ihrerseits eine Form von Gewalt in der Kommunikation erlebt, und würden wir mehrere Generationen zurückgehen, würde sich das Spielchen immer und immer wieder in den verschiedensten Facetten wiederholt haben. Solltest du dich in irgendeiner Form angesprochen fühlen, dann nutze diesen Moment für einen Neuanfang und steige aus dem alten Kommunikationsmodell bewusst aus. Wenn ich dir an dieser Stelle Impulse mitgebe in Bezug auf die Art, wie wir kommunizieren, dann nicht aus der Motivation heraus, dich zu belehren, sondern weil diese mich selbst tagtäglich dabei unterstützen, mein Leben mehr aus der Liebe heraus zu erschaffen. Es ist in meiner Wahrheit von enormer Wichtigkeit, dass wir uns der Macht unserer Worte bewusst werden.

Ein weiteres Mal möchte ich dich an die Geschichte von dem Feigenbaum erinnern: »Nehmt an, ein Baum ist gut, so wird auch seine Frucht gut sein; oder nehmt an, ein Baum ist faul, so wird auch seine Frucht faul sein. Denn an der Frucht erkennt man den Baum. Ihr Otterngezücht, wie könnt ihr Gutes reden, die ihr böse seid? Wes das Herz voll ist, des geht der Mund über. Ein guter Mensch bringt Gutes hervor aus seinem guten Schatz; und ein böser Mensch bringt Böses hervor aus seinem bösen Schatz.« (Matthäus 12,33–35)

Jedes einzelne Wort beeinflusst nicht nur dein Leben, sondern auch das Leben der Menschen, die mit dir sind. Du hast einen größeren Einfluss auf diese Welt, als dir vielleicht bewusst ist. Wir tun gut daran, uns weise zu entscheiden, welche Worte wir wählen und mit wem wir sie teilen. Es gibt tatsächlich Menschen, die der Meinung sind, dass hin und wieder ein bisschen Klatsch und Tratsch doch nicht schaden kann. Sie vertreten sogar die Meinung, dass diese Form der Kommunikation zu einem gesunden Lebensstil beiträgt.

Doch unsere Worte haben in jedem Moment unseres Lebens Macht. Wir können sie nicht für Lästereien oder boshafte Reden einsetzen und meinen, das hätte keinen Einfluss auf unser Erleben. Jedes boshafte Wort ist wie Gift, das wir versprühen. Und Lästereien sind nun mal boshafte Worte. Das Gleiche gilt für Zynismus und Sarkasmus. Wenn uns das Verhalten anderer Menschen nicht gefällt, sollten wir immer daran denken, dass auch sie Kinder Gottes sind. Und wir ändern rein gar nichts, wenn wir uns über sie mokieren. Wenn wir uns ernsthaft entscheiden, der Liebe zu folgen, dann gibt es nur einen einzigen Weg: Vorbild sein. Geh voraus und wähle deine Worte weise. Lass dein Licht leuchten, für dich und für die Welt um dich herum. Und vor allem halte dich aus den Belangen anderer Menschen heraus. Wir sollten andere Menschen weder verurteilen noch uns ungefragt in ihre Geschichten einmischen. Schon gar nicht sollten wir darüber tratschen. Je mitteilungsbedürftiger wir sind, desto schwieriger kann sich diese Aufgabe gestalten. »Wem das Herz überläuft, dem läuft der Mund über!« Das heißt jedoch nicht, dass es der Sache immer dienlich ist. Wir dürfen lernen, unsere Zunge zu kontrollieren und nicht jedem Impuls zu reden gleich nachzugeben. Das Ego lässt uns einfach losplappern, die Liebe wird uns dagegen Besonnenheit schenken, damit wir unsere Worte weise wählen.

Ebenso verhält es sich beim eifrigen Spiel des Gedankenratens. Ein weiser Mensch sagte einmal: »Es geht dich überhaupt nichts an, was andere Menschen über dich denken!«

Gedankenraten und Vorannahmen beziehungsweise Vermutungen sind zwei Attitüden, die uns sehr schnell Missverständnisse bescheren können. Wir tun gut daran, Dinge direkt anzusprechen und mit genau dem Menschen zu klären, den sie auch betreffen. Ich kann mich an viele Situationen erinnern, wo ich im Nachhinein gedacht habe: »Hätte ich doch einfach die Person direkt gefragt, statt meinen Vermutungen Raum zu geben, dann wäre dieses oder jenes erst gar nicht passiert.«

Das letzte Mal gab es so eine Situation »rein zufällig«, während ich genau dieses Kapitel schrieb. Doch wir wissen ja, Zufälle sind das, was uns zufällt – immer zum richtigen Zeitpunkt. Folgendes geschah: Seit einiger Zeit gehören wir einem sehr aktiven Netzwerk an, in dem wir andere Menschen dabei unterstützen, erfolgreich und vitaler zu werden. Das Netzwerk umfasst Menschen auf der ganzen Welt. Dank Skype und Co. ist das heute alles keine Zauberei mehr. Wie jedes gut funktionierende Netzwerk lebt auch das unsere von belastbaren Beziehungen. Wir sagen gerne, dass wir keine Geschäftsbeziehung haben, sondern ein Beziehungsgeschäft. Das setzt natürlich eine gute Kommunikation voraus. Für einen gemeinsamen Workshop hatten wir uns vor nicht allzu langer Zeit mit einer sehr lieben Kollegin verabredet, die in Wahrheit mehr eine Freundin für uns geworden ist. Wir schätzen ihre Art und empfinden ihr Wesen als große Bereicherung für unser Leben. Der Workshop sollte in unserer Region stattfinden, was bedeutete, dass sie einen Anfahrtsweg von mehr als sechshundert Kilometern haben würde. An einem frühen Samstagvormittag sollte der Workshop beginnen. Ungefähr drei Wochen davor sahen wir uns das letzte Mal persönlich auf einer firmeninternen Veranstaltung und besprachen noch einige organisatorische Dinge. Im Laufe des Gesprächs fragte mich meine Kollegin, ob ich nicht ein schönes Hotel wüsste, in dem sie in der Zeit unseres Workshops schlafen könne. Spontan bot ich ihr unser Gästezimmer an. Für mich ein Selbstverständnis und eine große Freude. Mein Partner und ich lieben es, wenn wir Gäste daheim haben. Zeit mit Menschen zu verbringen, mit denen uns eine Freundschaft verbindet, empfinden wir als großen Segen.

Ich selbst bin jemand, der sich sehr gerne in den ganz frühen Nacht- beziehungsweise Morgenstunden auf den Weg zu einer Veranstaltung macht und dann im Anschluss daran eine Nacht vor Ort verbringt, bevor ich zeitnah wieder abreise. Also ging ich in unserem Gespräch davon aus, dass es sich bei der Übernachtung unserer Freundin um die Nacht von Samstag auf Sonntag drehte und nicht um die von Freitag auf Samstag. Eine fatale Vorannahme! Wir beide versäumten es, Klartext zu reden. Für unsere Freundin war es selbstverständlich, dass sie bei einer so langen Anreise schon einen Tag vorher kommen wollte. Einmal, um ganz entspannt in den Seminartag zu gehen, und auch, um den Vorabend für das Zusammensein und Gespräche zu nutzen.

Ich als jemand, der gerne unter Strom steht, ging davon aus, dass sie am Samstagvormittag kommen, wir das Seminar gemeinsam halten und danach zum Ausklang gemeinsam einen entspannten Abend verbringen würden.

»Der Mensch denkt, Gott lenkt. Der Mensch dachte, Gott lachte.« So dachten wir in komplett verschiedene Richtungen und fühlten nicht einmal den Impuls in uns, darüber zu reden. Denn für uns war augenscheinlich alles klar. Wir waren uns ja beide sicher, die andere verstanden zu haben, ohne darüber zu sprechen – ein Paradox in sich.

Mir meiner Sache sicher, verplante ich den kompletten Freitag bis in die Abendstunden mit Businessterminen. Aus meiner Sicht schien alles gut organisiert, bis am Freitagmittag die Nachricht unserer Freundin via WhatsApp kam: »Fahre jetzt los, bin bald da. Freue mich auf euch!« So weit, so gut, doch wer nicht da war, waren wir. Wir erwarteten unsere Freundin ja erst einen Tag später. Ich möchte jetzt gar nicht ins Detail gehen. Nur so viel: Unsere junge Freundschaft wurde auf eine sehr harte Probe gestellt. Denn stell dir vor, du fährst sechshundert Kilometer in dem Glauben, dass deine Freunde auf dich warten und sich auf dich freuen, und dann sind sie gar nicht zu Hause.

Eine klare Kommunikation, ein Nachfragen von meiner Seite und alles wäre anders verlaufen. Ob Gott wirklich gelacht hat, wage ich zu bezweifeln. Doch der Teufel bestimmt. Er liebt solche Situationen und lässt uns, wenn wir nicht achtsam sind, augenblicklich in den Rechtfertigungsmodus schalten. Doch willst du recht haben oder glücklich sein? Wir haben uns fürs Zweite entschieden. Und nach einem intensiven Gespräch, denke ich, werden wir uns gegenseitig die Chance auf einen Neuanfang geben. Gott gewährt uns immer einen Neuanfang, und genau das ist es jetzt, was unsere Freundschaft dringend braucht.

Neben Klatsch und Tratsch und unausgesprochenen Vorannahmen gibt es noch eine weitere große Fußangel in der Kommunikation: Besserwisserei oder Oberlehrer-Verhalten. Für mich war es lange Zeit eine große Herausforderung zu erkennen, wer wirklich daran interessiert war, etwas von dem zu lernen, was ich erfahren hatte, und wer nicht.

Besonders mein lieber Partner Matthias bekam das in meinen Anfängen als Coach und Trainerin zu spüren. Was er auch tat, in der Regel wusste ich es besser. Gott hatte wirklich seine liebe Not mit mir, bis ich gelernt habe, einfach mal zu schweigen und die Wahrheit des anderen so zu akzeptieren, wie er sie sieht. Schon als Kind bekam ich oft zu hören, dass ich es mir abgewöhnen solle, immer das letzte Wort haben zu wollen. Ob es mir heute immer gelingt, wage ich zu bezweifeln. Doch ich gebe auch in dieser Beziehung jeden Tag mein Bestes.

Ähnlich ging es einer meiner besten Freundinnen. Als wir zu einem eher heiteren Thema ein Video aufgenommen hatten und es uns ansehen, erschrak sie und sagte:»Oh, mein Gott. Ich komme ja rüber wie der reinste Oberlehrer.« Diese Erkenntnis hat sie schwer getroffen, aber ihr auch geholfen, ihre Art der Kommunikation in einem neuen Licht zu reflektieren. Sie übt sich seitdem in ihren Gesprächen in mehr Achtsamkeit und Akzeptanz. Ganz zur Freude ihrer Mitmenschen. Vor allem jene Menschen, die ein großes Mitteilungsbedürfnis haben, sind sehr gefährdet und dürfen lernen, wohldosiert mit der Gabe ihres Redeflusses umzugehen. Denn letzten Endes ist es das: eine Gabe. Mit welcher Verzweiflung hat meine Mutter versucht, mein recht früh entwickeltes Redebedürfnis einzudämmen. Kaum dass ich die ersten Worte sprechen konnte, war ich nicht mehr zu stoppen. Am geduldigsten war in meiner Erinnerung mein Großvater. Stundenlang lauschte er meinen Ausführungen und schien ihrer nicht müde zu werden. Alle anderen Menschen in meinem Umfeld konnten mit meiner Redseligkeit weniger anfangen. Ständig wurde ich ermahnt und darauf hingewiesen, dass mein Wissensdurst und meine Kommunikationsfreudigkeit eine schlechte Eigenschaft waren, sodass ich dann tatsächlich in der Pubertät für ein paar Jahre sehr introvertiert und schweigsam war. Heute verdiene ich einen Teil meines Geldes mit diesem Talent. Damals in meiner Kindheit hätte meine Mutter gerne etwas von ihrem Geld gegeben, wenn ich dafür einfach mal den Mund gehalten hätte. Nicht dass ich vorlaut war, dafür war ich viel zu gut erzogen. Doch es gab kein Thema, zu dem ich nicht hätte etwas beitragen können. Und wenn es kein Thema gab, dann sagte ich Gedichte auf oder dachte mir Geschichten aus. Kurzum: Jeder Mensch hat seine Gaben und Talente und jeder Mensch hat seine Wahrheit beziehungsweise seine Art, die Welt wahrzunehmen.

Wir sollten deshalb aufhören, über verschiedene Meinungen zu streiten, nur weil wir sie nicht teilen. Nur weil wir etwas anders machen bedeutet das nicht, dass unsere Art, die Dinge anzugehen, für jeden die richtige ist. Wenn du für dich die Erfahrung gemacht hast, dass eine morgendliche Meditation deinen Tag segensreicher gestaltet, dann ist das ein wundervolles Geschenk für dich. Doch erwarte nicht, dass deine ganze Familie sich umgehend mit aufs Meditationskissen setzt. Hast du für dich entdeckt, dass es deinem Körper unwahrscheinlich guttut, wenn du bei Wind und Wetter mehrere Kilometer läufst, dann erfreue dich an deiner Disziplin. Erwarte jedoch nicht, dass dir jetzt die ganze Welt nacheifert. Und vor allem halte dich nicht für jemand Besseren und verurteile diejenigen, die in deinen Augen »faule Hunde« sind. Du kannst es nie wirklich wissen. Wir kennen selten die ganze Geschichte, die einen Menschen zu etwas bewegt oder eben nicht. Jedes von dir gedachte und gesprochene Wort hat die Macht, Menschen in gewisser Weise zu formen.

Ein eindrucksvolles Beispiel dieser Macht ist folgende Geschichte: Eine uns sehr nahestehende Familie hat drei Kinder, die unterschiedlicher nicht sein könnten. Zwei Töchter und in der Mitte einen Sohn. Die jüngere Tochter war von Anfang an besonders quirlig und nahezu eigensinnig. Schon bei ihrer Geburt meinten die Eltern gewisse Parallelen zur Großmutter väterlicherseits zu sehen. Diese Großmutter war eine eher schwierige und zuweilen auch sture Person. Wenn sie sich einmal eine Meinung über eine Person gebildet hatte, dann war diese wie in Stein gemeißelt. Man tat deshalb gut daran, ihr zu gefallen. Dennoch war sie im Grunde ihres Herzens auf gewisse Art eine liebenswerte Person. Da die Eltern des kleinen Mädchens von Anfang an eine Ähnlichkeit mit der besagten Großmutter wahrnahmen, gab es schnell einen geflügelten Satz, wenn die Kleine wieder einmal ihren Sturkopf durchsetzen wollte: »Wie unsere Martha.« Martha, so hieß die Großmutter. Selbst als die Kleine gar nicht mehr so klein war, wurde sie ständig mit der Großmutter verglichen. Es war förmlich so, als brenne man ihr mit Worten die Persönlichkeit der Oma in die DNA. Und was soll ich sagen? Das Mädchen beziehungsweise die junge Frau verhält sich heute nicht nur wie ihre mittlerweile längst verstorbene Oma, sie ist ihr auch wie aus dem Gesicht geschnitten.

Was war zuerst da? Das Ei oder die Henne? Entscheide du für dich. Doch vielleicht inspiriert dich diese Geschichte ja, eventuellen Vergleichen von deiner Seite Einhalt zu gebieten. In der letzten Zeit ist mir aufgefallen, dass vor allem die verschiedenen Philosophien im Bereich Ernährung für einige Mitmenschen in Bezug auf Toleranz eine große Herausforderung sind. Es ist unglaublich. Ich selbst habe schon einen gigantischen Shitstorm auf Facebook erlebt, weil ich ein Bild gepostet hatte, auf dem ich, eine Currywurst essend, zu sehen war. Als ob die Welt keine anderen Sorgen hätte als meine Vorliebe für die herzhafte Küche. Wir sollten uns darüber im Klaren sein, dass jedes Mal, wenn wir vehement gegen irgendetwas sind, wir in eine gewisse Art Kampf ziehen. Es gibt Dinge, die jeder Mensch mit sich und mit Gott ausmachen muss. Da braucht es unsere Einmischung gewiss nicht. Ist es nicht so, dass wir in Wahrheit alle genug mit unserem eigenen Leben zu tun haben? Doch es ist so verlockend, den Grund für die ein oder andere Misere in dieser Welt im Außen zu suchen, statt bei sich zu schauen und zu überlegen: Was kann ich heute tun, damit meine Welt ein bisschen heller wird? Ohne zu viel Energie in das Thema Ernährung zu geben, sei mir ein Gedanke erlaubt: Wenn wir auf Fleisch verzichten, weil wir glauben, dass wir dann heiliger oder spiritueller sind als jemand, der genussvoll seinen Biobraten genießt, dann irren wir uns meiner Meinung nach. Es könnte eine Anmaßung sein, wenn wir meinen, dass wir das zu entscheiden haben. Wir sollten nicht Gott spielen und über andere Menschen richten. Letzten Endes muss sich irgendwann jeder selbst mit seinem Verhalten vor Gott verantworten. Wir können jedoch Gott durch uns wirken und unsere Worte durch seine Liebe inspirieren lassen. Das sorgt nicht nur in uns, sondern auch um uns herum für Harmonie.

Egal, was wir einem anderen Menschen mitteilen wollen.

Wir tun gut daran, es absichtsvoll, doch ohne Erwartung zu tun. Wenn wir die Liebe durch uns sprechen lassen, werden wir immer den jeweiligen offenen Wahrnehmungskanal des anderen erreichen – ganz egal, ob es das Sehen, Hören, Fühlen, Riechen oder Schmecken ist. Wir werden ihn erreichen, weil unsere Worte in ihm einen Eindruck hervorrufen werden – ein Bild, einen Klang, ein Gefühl etc. –, der bewusst oder unbewusst aus seinem Geist emporsteigt. Diesen Eindruck können wir nicht beeinflussen, das obliegt einer höheren Instanz.

Wenn wir absichtsvoll Worte der Liebe sprechen, dann stehen die Chancen sehr gut, dass diese beim Empfänger positive Eindrücke hervorrufen. Doch mach dich von der Erwartung frei, dass es so sein muss. Mit Absicht und doch ohne Erwartung zu kommunizieren bedeutet, dem anderen die Wahl zu lassen, wie er mit der Information, die du ihm zukommen lässt, umgeht.

»Ich ermahne euch aber, Brüder und Schwestern, dass ihr auf die achtet, die Zwietracht und Ärgernis anrichten entgegen der Lehre, die ihr gelernt habt, und euch von ihnen abwendet.« (Römer 16,17) Dieser Bibelvers soll dich ermutigen, so wie er mich ermutigt hat, dich von den Menschen in Dankbarkeit und Liebe zu verabschieden, die dir mit ihrer Kommunikation nicht guttun. Denn so, wie du mit deinen Worten die Macht hast, andere Menschen deiner Wahrnehmung entsprechend zu formen, haben die Menschen, die dir begegnen, dieselbe Macht durch die Kraft ihrer Worte.

Ansonsten wäre es so, als wenn du dein Haus putzt und schmückst, damit es dir und deinen Gästen ein behagliches Zuhause ist. Und dann lässt du eine Horde von Menschen in dein Haus, die allesamt schlammbeschmierte Stiefel tragen und damit durch dein Haus laufen. Dein Körper ist der Tempel, der der Liebe Gottes ein Zuhause gibt, und dein Leben ist der Raum, in dem sich die Liebe Gottes zum Ausdruck bringt. Quasi dein erweiterter Tempel. Du allein entscheidest, wem du Einlass gewährst und wem nicht. Du wirst kein besserer Mensch, wenn du dich weiter mit Menschen umgibst, die dich als verbalen Mülleimer benutzen. Menschen, die ihren Kummer bei dir abladen, dich mit Schmutz wie Tratsch und Gerüchten behelligen und dir deine gesamte Energie rauben.

»Du sollst deinen Nächsten lieben wie dich selbst.« Ja, du hast recht: die Wiederholung der Wiederholung. Doch das, was in Markus 12,31 geschrieben steht, ist so unendlich wichtig, wenn wir durch wahre Vergebung in unsere von Gott gegebene Stärke eintreten. Sei es dir wert, aus Unterhaltungen auszusteigen, die dir schaden. Harre in keiner Veranstaltung aus, nur aus Angst, dich unbeliebt zu machen, wenn das gesprochene oder unausgesprochene Wort dir nicht guttut. Dieses Leben ist dein Leben. Dieses Leben wurde dir durch Gott geschenkt, und du bist hier, um Freude zu empfangen und um Freude zu geben. Jeder Tag, an dem dir das nicht gelingt, wird kein rundum erfüllter Tag für dich sein.

»Wenn ihr zornig seid, dann ladet nicht die Schuld auf euch, indem ihr unversöhnlich bleibt. Lasst die Sonne nicht untergehen, ohne dass ihr einander vergeben habt.« (Epheser 4,26)

»Denkt daran, liebe Brüder und Schwestern: Seid sofort bereit, jemandem zuzuhören; aber überlegt genau, bevor ihr selbst redet. Und hütet euch vor unbeherrschtem Zorn!« (Jakobus 1,19)

Auf den Punkt gebracht

Wann immer du in Kommunikation mit anderen Menschen gehst, stell dir die Frage, ob das, was du sprichst, dir und/oder anderen gute Gefühle macht. Befüllst du die Menschen mit deinen Worten positiv, wirst du der Resonanz entsprechend auch im Gegenzug positives Feedback erfahren. Es geht hier nicht darum, die rosarote Brille aufzusetzen, und es ist auch nicht die Rede davon, irgendetwas schönzureden. Wir sprechen von einer durch Achtsamkeit geprägten Art, Informationen zu transportieren. Konstruktive Kommunikation ist immer für beide Seiten nährend. Es bedarf vielleicht etwas der Übung, nicht wieder in alte Kommunikationsmuster zu fallen. Doch es lohnt sich. In Resonanz miteinander sein bedeutet, dass wir in der Begegnung mit einem anderen Menschen eine Herzensbrücke herstellen, über die wir uns gedanklich mit dem anderen verbinden. Über diese Herzensbrücke ist es möglich, den anderen mit unserer Art zu reden »abzuholen« ... sprich, seinem Sprachmuster entsprechend zu kommunizieren, damit er uns in Gänze verstehen kann. Denn auch wenn zwei Menschen dieselbe Landessprache sprechen, heißt das noch lange nicht, dass der eine den anderen versteht. Hier geht es nicht darum, sich zu verbiegen, sondern seiner inneren Wahrheit entsprechend Worte zu nutzen, die klar und deutlich transportieren, was wir an Informationen mit unserem Gegenüber teilen wollen. Wenn das, was du sprichst, deiner Wahrheit entspricht, wird es dir sehr leichtfallen, die Menschen zu erreichen.

Die meisten Missverständnisse auf dieser Welt entspringen einer mangelhaften Kommunikation.

Im Englischen sagt man: »Walk your talk!« In der Sprache des Neurolinguistischen Programmierens, kurz NLP, bezeichnet man diese Art, im Leben zu stehen, als kongruent. Was vereinfacht bedeutet, dass das, was ich denke und fühle, mit dem im Einklang steht, was ich sage und tue. Beobachte einfach mal die Physiognomie verschiedener Menschen in ihrer Kommunikation. Du wirst schnell an ihrer Körperhaltung bemerken, ob das, was sie sagen, ihrer Wahrheit entspricht oder ob sie in Wahrheit anders denken, als sie reden. Dasselbe gilt natürlich auch für dich selbst – beginnend bei deinen inneren Dialogen und der Art, wie du dich anderen Menschen mitteilst. Sprache ist in unserer Welt ein wichtiges Instrument, um uns zu verständigen. Dabei können wir mit Worten gleichermaßen heilen wie zerstören.

Laut Paul Watzlawick können wir nicht *nicht* kommunizieren. Denn jede Kommunikation ist Verhalten, und genauso, wie man sich nicht *nicht* verhalten kann, kann man auch nicht *nicht* kommunizieren. Mein Vater ist da ein gutes Beispiel: Es genügte ein Blick, und der sagte mehr als tausend Worte. Mein Vater beherrschte diese wortlose Kommunikation perfekt. Anhand seines Blickes wusste ich genau, was ich zu tun und zu lassen hatte. Genauso konnte er jedoch auch seine unendliche Liebe für mich zum Ausdruck bringen: einfach durch die Art, wie er mich ansah, und seine dazugehörige Körperhaltung.

Worte können unterstützend, aber auch vernichtend wirken. Alles, was wir sagen, hat eine Wirkung. Oftmals erreicht uns die Resonanz erst zu einem späteren Zeitpunkt, und wir erkennen den Zusammenhang mit dem, was wir da von uns gegeben haben, überhaupt nicht mehr. Doch wir dürfen uns sicher sein, dass die Welt uns nichts widerspiegelt, was wir nicht irgendwann einmal als Informationen in sie hineingegeben haben.

Aus der Liebe heraus kommunizieren bedeutet nicht, dem anderen nach dem Mund zu reden. Im Ernst, wir werden immer wieder auf Menschen treffen, die anderer Meinung sind als wir. Menschen mit anderen religiösen Überzeugungen und von unserer eigenen Haltung abweichenden politischen Ansichten. Uns werden immer wieder Menschen begegnen, die ihre Prioritäten ganz anders setzen als wir. Und das ist gut so! Die Welt wäre doch ziemlich trist, wenn wir alle dieselben Farben, dasselbe Essen oder dieselbe Musik präferieren würden. Für ein gleichwertiges Miteinander und eine auf Liebe und Freiheit basierende Kommunikation geht es nicht darum, dass wir uns einander angleichen, sondern dass wir uns in unserer Buntheit und Vielfalt akzeptieren und wertschätzen lernen. Und wenn uns ein Mensch gar nicht behagt, was auch in Ordnung ist, dann sollten wir nicht darauf beharren, dass er sich ändert – sondern unsere Einstellung ihm gegenüber ändern und ihn gegebenenfalls seines Weges ziehen lassen.

Lieben heißt leben und leben lassen. Das, was wir für uns in Anspruch nehmen, sollten wir auch anderen Menschen zugestehen. Bleiben wir in jedem Moment einfach ganz bewusst bei uns selbst und wenden uns zur Liebe hin, dann tragen wir schon mehr zu einer besseren Welt bei, als wir glauben.

Von Herz zu Herz zu kommunizieren bedeutet ein klares Ja zu mir und ein klares Ja zum anderen. Ich achte mich und ich achte dich – das bedeutet: Ich achte die Schöpfung mit allem, was ist.

Das Goethe-Zitat »Worte sind Schall und Rauch« sollten wir an dieser Stelle ein für alle Mal aus unserem Gedankengut streichen. Worte haben Macht und sie können, unbedacht angewandt, eine zerstörerische Waffe sein. Im Prinzip verhält es sich wie mit Kräutern und Pflanzen: Auch diese können heilen oder schaden (mitunter sogar töten), je nach Dosis und Anwendung. Das gesprochene ebenso wie das gedachte Wort hat immer eine Wirkung. Je nachdem, was durch uns spricht, das Ego oder die Liebe, können Worte zerstörend oder heilend sein. Doch noch viel wichtiger als der Inhalt der Worte ist die Energie, die ihnen als Intention unterlegt ist. Entscheidender als *was* du sprichst, ist, *wie* du sprichst. Aus dem Herzen heraus ist jede Kommunikation positiv. Gibt die Liebe den Ton an, ist ein Gespräch immer lösungsorientiert und konstruktiv. Spricht das Ego, geht es darum, recht zu haben und besser dazustehen als andere. Sicherlich ist es so, dass Sprache immer auch etwas Manipulatives hat – im

Guten wie im Bösen. Und dennoch macht die Intention einen großen Unterschied in Bezug auf die Wirkung von Sprache. Tatsächlich ist es so, dass wir weder gleichzeitig auf zwei Hochzeiten tanzen noch zwei Herren dienen können. Und wenn wir es doch versuchen, wird es uns irgendwann innerlich zerreißen. Wäre dieser Text eine Deutsch-Hausaufgabe, bekäme ich inzwischen mindestens schon zehn Punkte Abzug für den ständigen Wiederholungsfehler: Es ist unsere Entscheidung, welchem Herrn wir in der Wahl unserer Sprache das Ruder in die Hand geben – dem Ego oder der Liebe!

Durch das gesprochene Wort sind wir im höchsten Maß schöpferisch tätig. Den größten Beitrag für diese Welt leisten wir, wenn wir das, was wir anderen mitteilen wollen, absichtsvoll und ohne Erwartung tun. Jeder Mensch hat seine eigene innere Wahrheit. Und diese Wahrheit fließt in jede Form der Kommunikation mit ein. Verbal und nonverbal. Und ich wiederhole es noch einmal: Wir können nicht *nicht* kommunizieren. Doch wir können uns darin üben, klar und bewusst zu kommunizieren. Je mehr wir darauf achten, uns vor Vorannahmen zu hüten, desto größer ist die Chance, dass unsere Beziehungen weniger Missverständnissen ausgesetzt sind. »Willst du recht haben oder glücklich sein?« Ein wahrhaft denkend und fühlend machender Satz von Marshall B. Rosenberg.

Wir Menschen sind schon merkwürdige Wesen. Wir haben es geschafft, auf den Mond zu fliegen, wir besteigen die höchsten Berge, haben durch unsere Forschungen, unter anderem der Epigenetik, Erkenntnisse über die kleinsten Atome, Quarks und Strings. Wir nutzen die »internetten Welten« mit einer Selbstverständlichkeit, als wäre es schon immer das Normalste der Welt gewesen, dass wir über Tausende von Kilometern miteinander sprechen können, als säßen wir nebeneinander. Wir arbeiten daran, dass unsere Autos selbstständig fahren können und so weiter und so fort. Nur in der direkten Kommunikation von Mensch zu Mensch stellen wir uns teilweise an, als stünden wir noch am Beginn der Evolution.

Am schlimmsten finde ich, dass viele von uns bislang nicht gelernt haben, in Frieden mit sich, ihrer Familie und ihren direkten Nachbarn zu leben. Ein Missverständnis jagt das nächste, und der Teufel reibt sich die Hände vor Freude.

Durch fehlende Klarheit und Achtsamkeit in der Kommunikation mutieren viele Beziehungen nach und nach zu kleinen und großen Kriegsgebieten – ob innerhalb der Familie, in der Arbeits- und Schulwelt, in der Nachbarschaft oder in uns selbst. Die Auslöser für den zugrunde liegenden Zwist sind bei objektiver Betrachtung meist mehr als banal. Selten basieren sie auf großen Dramen – sie werden jedoch zu solchen hochstilisiert. Lang unterdrückter Ärger, gepaart mit der Sehnsucht nach Anerkennung, Respekt, Wertschätzung und dem teuflischen Trieb, recht haben zu wollen, bietet die beste Grundlage für pure Verwüstung in zwischenmenschlichen Beziehungen. Klatsch, Tratsch und Lästereien tun ihr Übriges dazu. Die Lösung liegt darin, selbst als Vorbild voranzugehen. Bedenke immer, dass jeder Mensch aufgrund seiner Prägungen und Überzeugungen seine eigene innere Wahrheit hat, aus der seine Art der Kommunikation entspringt. Diese Wahrheit fungiert bei jedem Einzelnen wie ein Filter, der aufgrund diverser persönlicher Erfahrungen bestimmte Informationen bevorzugt und ihnen je nachdem mehr oder weniger Bedeutung zumisst. Andere Informationen dagegen werden durch den Filter vernachlässigt oder eventuell erst gar nicht zur Kenntnis genommen. Dieses Herausfiltern von Informationen hat sich im Laufe der Evolution entwickelt, um unser Überleben zu sichern. Denn dadurch besitzen wir die Fähigkeit, im Notfall aus einer enormen Geräuschkulisse die

Geräusche rechtzeitig herauszuhören, die uns eine Gefahr anzeigen, und zu reagieren. In der alltäglichen zwischenmenschlichen Kommunikation bergen unsere Filter jedoch die Gefahr, dass es zu Missverständnissen kommt. So wie in dem von mir beschriebenen Beispiel. In dem Moment, in dem du dich für eine bewusste, durch die Liebe geführte Kommunikation entscheidest, machst du daher in dieser Welt einen großen Unterschied. »Ich achte mich und ich achte dich!« Auf dieser Basis wirst du in jedem Gespräch, bei jeder Art der Kommunikation deine Macht, andere zu beeinflussen, absichtsvoll und auf positive Weise einsetzen – und damit für dich und andere nährend. Wie immer beginnt alles mit deiner Entscheidung.

MIR BEWUSST SEIN

Gibt es auch in deinem Leben Situationen, in denen du aus einer Vorannahme heraus handelst und redest? Kannst du dich an einen solchen Moment erinnern, der dir im Nachhinein noch Magenschmerzen bereitet?

. . . .

. . . .

. . . .

. . . .

Inwieweit haben solche Momente deine Art der Kommunikation verändert?

. . . .

. . . .

. . . .

. . . .

Was glaubst du, welchen Einfluss deine Eltern und dein Umfeld auf deine Art zu kommunizieren hatten oder noch haben?

. . . .

. . . .

. . . .

. . . .

Gerätst du leicht in Streitgespräche darüber, »wer recht hat«?

. . . .

. . . .

. . . .

. . . .

Was macht der Gedanke mit dir, dass deine Worte Einfluss
auf die Gefühle anderer Menschen haben?

....

....

....

....

Ich bitte die Liebe und damit Gott um Unterstützung,
dass meine Kommunikation mit mir selbst und mit anderen
Menschen von Tag zu Tag mehr Klarheit und Achtsamkeit
bekommt. Ich erkenne, dass mir nicht immer bewusst war,
wie groß mein Einfluss auf die Menschen in meiner Welt
ist und war. Heute starte ich diesbezüglich einen Neuanfang
und übernehme ab sofort in Freude die Verantwortung
für alles, was ich sage und denke. Ich bin mir der Gnade
bewusst, die Gott damit in meine Hände gelegt hat.
Ich lasse ab jetzt Gott durch mich wirken und meine Worte
durch seine Liebe inspirieren. Danke!

Zum Schluss:

Mein spiritueller Fünf-Schritte-Plan für dich

Ich, der ich bleibe, so wie Gott mich schuf,
möchte die Welt von allem losmachen, wofür ich sie hielt.
Denn ich bin wirklich, weil die Welt es nicht ist,
und möchte meine eigene Wahrheit erkennen.
EIN KURS IN WUNDERN

Du weißt jetzt, dass du wichtig bist für Gottes Plan. Es liegt allein in deiner Hand, ob du bereit bist, dich für die Liebe zu entscheiden, oder ob du weiter in der Gefangenschaft des Egos leben willst. Lass in Liebe los, was dich verletzt, und vertraue auf Gott, dass er ein gerechter Gott ist. Mach dich frei von allen Gedanken an Rache und Unversöhnlichkeit. Hüte dich davor, Dinge schönzureden, und beginne, mit Gottes Hilfe Innenschau zu halten und deinen Ängsten in Liebe in die Augen zu sehen. Denke immer daran, dass jeder Situation ein Geschenk innewohnt, das darauf wartet, von dir in Empfang genommen zu werden. Sei dankbar für alles, was du in deinem Leben bisher erfahren hast und noch erfahren wirst. Dankbarkeit ist der größte Magnet, um Positives in unser Leben zu ziehen. Du hast ein Anrecht auf Wunder, und ich lade dich ein, Wunder in deinem Leben zu erwarten. Durch *Ein Kurs in Wundern* habe ich verstanden, dass Wunder genau in dem Moment geschehen, wenn unser Geist für sie bereit ist.

Und es reicht schon der Gedanke, dass du bereit bist. Auch wenn du noch nicht weißt, wie es sich anfühlen und wie sich dein Leben wandeln wird. Allein der Gedanke, dass du bereit bist für Wunder, lässt der Liebe freien Lauf. Wunder geschehen in der Stille. Lerne, dir Zeit für dich zu nehmen, um täglich wahre Innenschau zu halten. Werde zum Beobachter der Zweifel und Sorgen, die sich dir offenbaren. Deine Waffen gegen den Feind, das Ego, sind die Liebe und dein Glaube an Gott. Damit bist du bestens ausgestattet, um dem Ego Einhalt zu gebieten, wenn es sein Unwesen in dir treiben will.

Wahre Vergebung im Sinne des *Kurses* bedeutet eine Korrektur der Sichtweise. Darin ist keine Spur von Urteil oder Verurteilung enthalten. So haben es mich der *Kurs* und meine Beziehung zu Gott gelehrt, und so habe ich es mit dir in diesem Buch geteilt.

Bei allem, was wir im Augenblick im Außen erleben, ist es wichtig zu erkennen, dass der Frieden dieser Welt immer in uns selbst beginnt. Erst dann projizieren wir ihn nach außen. Wir tun also gut daran, unsere inneren Kriegsschauplätze in Orte der Liebe und der inneren Ruhe zu wandeln.

Gott hat mir zu meiner Unterstützung eine Art spirituellen Fünf-Schritte-Plan gezeigt, den ich hier mit dir teilen möchte. Sei dir immer bewusst, dass Gottes Plan für dich stets größer ist, als du es dir als Mensch vorstellen kannst.

1. Schritt: Meditation

Mache Meditation zu deiner täglichen Praxis. Das Gebet ist die Kommunikation mit Gott, in der Meditation empfangen wir die Antworten auf unsere Fragen. Lerne dein Ego durch regelmäßige Meditation zurückzunehmen, sodass Gottes Liebe und Kraft durch dich wirken können. Du wirst so jederzeit genau die Antworten erhalten, die du gerade benötigst.

Seine Antworten werden dich exakt an die Position bringen, die für dich in diesem Moment vorgesehen ist. Kein Platz ist dabei größer, wichtiger, einflussreicher oder besser als ein anderer. Du hast bereits alles in dir, um auf der Bühne erfolgreich zu sein, die Gottes Plan für dich vorgesehen hat. Es wird in deinem Leben einen großen Unterschied machen, dich von Gott auf diese Art und Weise führen zu lassen.

In der Stille der Meditation wirst du mehr und mehr erkennen, was es wirklich bedeutet, in allem ein Geschenk und die Liebe zu sehen. Liebe macht alles möglich. Sie wird dein Leben und deine Beziehungen zum Positiven verändern. Sei geduldig mit dir und gleichermaßen auch konsequent, wenn du ab jetzt die regelmäßige Meditationspraxis in deinen Alltag einbaust.

2. Schritt: Vergebung

Praktiziere den Weg der Vergebung, wenn du fühlst, dass du Groll, Hass oder Wut gegen bestimmte Menschen oder Situationen hegst. Oder gegen dich selbst. Vergib dir all jene Ego-Gedanken, die dir Situationen bescheren, die dich oder andere Menschen bewusst oder unbewusst verletzen oder verletzt haben.

Komme in Frieden mit deinen Beziehungen und den Geschichten, die sie umweben. Akzeptiere, was ist, und werde still – erlaube dem, was da ist, da zu sein, und öffne dich der Liebe in dir. Nimm dich gedanklich selbst immer wieder in den Arm. Halte Innenschau und erlaube dem Frieden in dir, Einzug zu halten. Bitte Gott in einem Gebet, dass du diejenigen, die dich verletzt haben, durch seine Augen sehen darfst. Durch die Augen der Liebe wirst du ihnen bis in den Seelengrund sehen. Du wirst augenblicklich die Sehnsüchte, Sorgen und Nöte erkennen, die diese Menschen antreiben. Das verschafft dir eine neue

Sicht auf die Situation, die euch verbindet, und kann der erste Schritt sein, der es dir ermöglicht, ihnen zu vergeben.

Übe dich darin, deine Anliegen in Gottes Hände zu legen, wenn du fühlst, dass du nachhaltig unversöhnlich einer Situation gegenüber bist. Schenke den Geschichten, die das Ego dich glauben lassen will, keine Bedeutung. Komme jeden Tag ein Stück mehr in den Frieden und die Akzeptanz mit allem, was sich dir zeigt.

3. Schritt: Dankbarkeit

Dankbarkeit ist der stärkste Magnet, damit das Gute sich in deinem Leben mehrt. Dankbarkeit ist eine Art, im Leben zu stehen, die es immer reicher werden lässt. Dankbarkeit impliziert die Wertschätzung und die Achtsamkeit für alles, was ist.

Führe täglich ein Dankeschön-Tagebuch als spirituelle Routine. Notiere dir jeden Abend die großen und kleinen Segnungen, die du an diesem Tag erfahren hast. Lenke deinen Fokus bewusst auf die Geschenke in deinem Leben und wertschätze sie. Werde so zu einem Magnet für Wunder. Bedenke immer, dass die Energie dem Geist folgt und niemals umgekehrt.

Weise dein Ego rigoros in die Schranken und sage »Nein« zu seinen Ansichten und Überzeugungen. Es wird immer wieder gerne mit dem Finger auf andere zeigen und versuchen, dich kleinzumachen. Bedanke dich jeden Abend im Geiste bei allen Menschen, die dein Leben berühren. Bedenke immer, dass diese Begegnungen, egal, wie sie sich dir zeigen, dich wachsen und reifen lassen. Jeder Mensch, mit dem du in Resonanz gehst, der dich berührt, kann dies nur, weil er dir einen Aspekt deiner selbst widerspiegelt. Einen Teil, den du noch nicht lebst oder der sich nach Heilung sehnt.

Dankbarkeit bedeutet auch zu erkennen, dass wir uns selbst immer Lehrer und Schüler zugleich sind.

4. Schritt: Vertrauen

Vertraue Gott. Erkenne deine wahre Identität in Christus und stehe für deine Träume ein. In dem Vertrauen auf Gott wirst du ein Leben kreieren, das weit über deine wildesten Träume hinausgeht.

Ganz egal, woher du kommst und was du bisher getan hast oder auch nicht: In dem Moment, in dem du die Entscheidung triffst, Gott in dein Leben zu lassen, wirst du zu einer neuen Schöpfung. Du gehst quasi noch einmal auf »Los« ... nur dieses Mal auf einem höheren Level. Das Vertrauen auf Gott lässt dich über dich selbst hinauswachsen.

Das, was in der Bibel als Teufel beschrieben steht, ist im Sinne des *Kurses* das Ego. Der Teufel liebt es, wenn wir uns schlecht und klein fühlen. Er benutzt die gemeinsten Tricks, wie destruktive Gedanken, um uns von der Liebe und damit von Gott fernzuhalten. Derselbe Gott, der mich von allem befreit hat, was mich hat an mir zweifeln lassen, wird auch dich befreien. Es ist deine Entscheidung. Vertraue und lasse dich in Gottes Hände fallen. Lerne, wieder groß zu träumen.

5. Schritt: Öffne dich dem Leben und der Liebe

Sei bereit, kompromisslos die Verantwortung für dein Leben zu übernehmen, und lerne, deinen Ängsten in Liebe zu begegnen, damit sie aufgelöst werden können. Lebe und schütze die Werte, die dich ausmachen, und öffne dich in Liebe dem Leben.

Umgib dich ab sofort bewusst mit Menschen, die dir wohlgesinnt sind und deren Gegenwart dich erfüllt. Menschen, mit denen du deine Träume und Visionen teilen kannst. Finde einen spirituellen Buddy, mit dem du dich regelmäßig austauschen kannst.

Auch wenn wir in Wahrheit eins und auf einer höheren Ebene alle miteinander verbunden sind, werden wir uns, bedingt durch unsere Individualität als Mensch, nicht immer mit allen verstehen. Dennoch darf es dein Anspruch als Christin oder Christ sein, jedem Lebewesen in Achtsamkeit zu begegnen.

Beginne an Orten, die dir freudlos und dunkel erscheinen, die Liebe zu sehen, für die du dich entschieden hast. Schon ein kleines Lächeln, ein ermutigendes Wort kann Licht in die Dunkelheit bringen.

Bevor du sprichst, frage dich immer, was die Liebe jetzt sagen würde. Gehe mit dir und deinen Mitmenschen achtsam um und verurteile nicht. Hüte dich vor Tratsch und Gerüchten. Stell dir immer die Frage, ob das, was du sprichst oder tust, dir oder/und anderen Menschen gute Gefühle bereitet. Wenn nicht, dann werde still und wende dich bewusst hin zur Liebe in dir. Aus der Liebe heraus ist jede Kommunikation möglich und jedes Wort und jedes Handeln werden augenblicklich wohlwollend im Sinne des Ganzen. Worte der Liebe bringen immer Zuversicht und Heilung. In Momenten, in denen dir das nicht möglich ist, akzeptiere das – und schweige.

Herr, ich öffne mein Herz und meinen Geist für deine Gnade.
Ich bin bereit, mein Leben in deine Hände zu legen.
Hilf mir, dass ich beginne mich zu lieben, so wie du mich
liebst. Hilf mir, dass ich mir selbst alle bewussten
und unbewussten Fehlentscheidungen vergebe und die
Konsequenzen akzeptieren lerne. Ich nehme mich zurück,
damit du durch mich wirken kannst. Amen!

Und hier zum Abschluss mein persönlicher ultimativer Tipp für dich: Habe Freude an allem, was du tust. Du bist hier, um dein Leben in vollen Zügen zu genießen. Frage dich jeden Abend, ob du Freude bekommen und Freude gegeben hast. Und übe, übe,

übe, bis du jeden Abend ein lautes Ja in dir vernimmst. Lass dein Licht leuchten und erlaube anderen Menschen, es dir gleichzutun. Denke immer daran, dass Freude, Liebe und Freiheit sich multiplizieren, wenn wir sie teilen.

Mit dieser Art im Leben zu stehen machst du einen großen Unterschied in dieser Welt. Von ganzem Herzen wünsche ich mir, dass dich mein Buch ermutigt hat, dein Leben in Gottes Hände zu legen und einen Neuanfang zu starten. Die Erkenntnis, dass es nicht unsere Aufgabe ist, die Liebe zu suchen, sondern die Barrieren in unserem Inneren zu entfernen, die wir gegen die Liebe errichtet haben, wird dich bei deinem Neustart unterstützen.

Welche Angstgeschichten dich dein Ego auch immer glauben machen wollte, du weißt nun, dass sie nicht wahr sind, und du weißt jetzt auch, dass das Ego eine ganze Armee an Tricks parat hat, mit denen es dich in Schach zu halten versuchst. Du weißt jedoch ebenso um deine stärksten Waffen, mit denen du das Ego des Platzes verweisen kannst: die Liebe und das Vertrauen in Gott!

Vielleicht hat dich beim Lesen dieses Buches ein Gedanke wie dieser begleitet: »Angela, du erwartest allen Ernstes, dass ich einer Kraft vertraue, die ich nicht sehen und nur auf subtile Art und Weise wahrnehmen kann? Für die es in Wahrheit keinen messbaren physischen Beweis gibt!« Und meine Antwort an dieser Stelle lautet: »Ja!«

Vertraue der Kraft, die da draußen ganze Welten erschaffen hat. Die Sonne, Mond und Sterne und all das andere, was deine Welt ausmacht, hat entstehen lassen. Vertraue ihr und lass dich von ihr führen. Der Punkt ist der: In dem Moment, in dem du dieser Kraft, der Liebe, vollkommen vertraust – ohne Wenn und Aber –, lässt sie dich erleben, dass du ihr vertrauen kannst. Du wirst es erst in Gänze erfahren, wenn du es wagst. Je mehr du ihr vertraut, desto mehr wird sie dich dieses Vertrauen erfahren lassen. Klingt vielleicht ein bisschen dubios, doch genauso wird es sein.

Vergebung macht stark und ist der Schlüssel, um Liebe und damit Wunder in unserem Leben zu erfahren. Mit jeder Entscheidung, die dich dem inneren Frieden als eine Art, im Leben zu stehen, näherbringt, projizierst du selbigen in deine Umgebung. Das ist in meiner Wahrheit der größte Dienst, den du dir selbst und der gesamten Welt erweisen kannst. Ein Dienst, der den viel gewünschten Weltfrieden in greifbare Nähe rückt.

»Eine perfekte Welt kann es niemals geben, es sei denn, diejenigen, die nach und nach hineingeboren werden, beherzigen ihre bereits gelernten Lektionen früherer Leben, statt noch einmal von Anfang an zu beginnen«, schrieb Leslie D. Weatherhead. Ich finde diese Worte sehr inspirierend, und wir müssen uns dabei gar nicht mit der Thematik früherer Leben beschäftigen. Es reicht, wenn wir die Lektionen früherer Herausforderungen aus dem jetzigen Leben beherzigen. Das allein macht in dieser Welt schon einen Unterschied. Du machst damit einen Unterschied!

Und damit sind wir am Ende dieses Buches angelangt. Ich freue mich, wenn wir auch über dieses Buch hinaus miteinander verbunden bleiben. Und schon jetzt freue ich mich auf die persönliche Begegnung mit dir. Fühle dich frei und schreibe mir bitte über deine großen und kleinen Neuanfänge, damit wir sie gemeinsam feiern können.

Ich glaube an dich und den bedeutungsvollen Plan, den Gott durch dich verwirklichen wird.

Von Herz zu Herz,
Angela

Danksagung

Ich bin sehr dankbar, dass ich dieses Buch schreiben durfte. Allen voran bin ich den Menschen dankbar, die mich dabei unterstützt und es überhaupt erst möglich gemacht haben:

Meine wundervollen Töchter, Laura und Deborah, sowie mein Partner Matthias, Liebe meines Lebens. Ich finde von Tag zu Tag mehr Gründe, dich zu lieben. Mit dir und unseren Töchtern fühle ich mich mehr als gesegnet. Eure Ermutigungen und eure Unterstützung sind und waren purer Balsam an so manchen herausfordernden Tagen. Ihr seid mir die größte Inspiration und Freude in meinem Leben.

Dagmar Olzog und Andrea Löhndorf, die mich dazu ermutigt haben, so zu schreiben, wie ich die Welt sehe. Ihretwegen habe ich mich noch einmal an meinen Rechner gesetzt und getan, was ich niemals mehr zu tun gedacht hatte. Der Mensch denkt, Gott lenkt. Dagmar, wohin unser Weg auch immer führen mag: Unsere Begegnung ist Geschenk und Heilung für mich zugleich. Danke dafür.

Meine liebe Kollegin und Freundin Lumira. Ihre Klarheit und weibliche Kraft haben mich viele Dinge noch einmal aus einer neuen Warte sehen lassen. Sie hat die Gabe, Menschen zusammenzuführen und Potenziale zu wecken. Gemeinsam mit ihrem Mann Nikolai bereichert sie mein Leben und meine Arbeit auf eine ganz besondere Art und Weise. Wir haben noch viel vor, und darauf freue ich mich ganz besonders.

Es gäbe jetzt noch unendlich viele Menschen, denen ich Danke sagen möchte, und ich vertraue darauf, dass sie es alle im Herzen spüren. Jeden Einzelnen aufzuführen würde Seiten füllen. Denn letzten Endes gilt mein Dank jedem, der mein großartiges, lehrreiches Leben jemals berührt hat. Eingeschlossen all jene Menschen, die dieses Buchprojekt im Feinschliff zu dem Buch haben werden lassen, das jetzt in die Welt geht.

Das Leben liebt uns!

Klappenbroschur, 224 Seiten
ISBN 978-3-95550-188-4

Was wäre, wenn wir unsere Wünsche und Probleme an eine höhere Kraft abgeben, loslassen und darauf vertrauen könnten, dass die richtige Lösung zur rechten Zeit kommen wird? Dass das kein Wunschtraum, sondern erfahrbare Realität ist, zeigt Tosha Silver in ihren liebevollen, humorvollen und wunderbar verrückten Geschichten. Die Methoden, die sie lehrt, sind einfach, ihre Wirkung ist lebensverändernd.

Mehr über unsere Bücher   *www.trinity-verlag.de*

Aus der inneren Fülle leben

Lumira

Lebe deine weibliche Kraft

Das große Praxisbuch für Schönheit, Heilung und Sinnlichkeit

TRINITY

Klappenbroschur, 208 Seiten
ISBN 978-3-95550-253-9

Die Frau hat neunmal mehr Schaffenskraft als der Mann. Warum leben dennoch nur wenige ihr volles Potenzial? Die russische Heilerin und Bestsellerautorin Lumira zeigt: Die Intuition ist das wichtigste Werkzeug der Frau, um ihre wahren Energiequellen zu erschließen. Anhand vieler praktischer Übungen und Anleitungen hilft Lumira allen Frauen, in ihre ursprüngliche heilende Kraft zurückzufinden.

Mehr über unsere Bücher   *www.trinity-verlag.de*

Emotionale Muskeln für schwierige Zeiten

Gebunden mit Schutzumschlag, 296 Seiten
ISBN 978-3-95550-221-8

Ein gutes Leben zu haben bedeutet nicht, niemals schwierige Zeiten zu erleben. Es bedeutet, zu lernen, wie wir stärker daraus hervorgehen. Dafür brauchen wir »emotionale Muskeln«, die uns befähigen, uns mit Kraft aus der Krise zu erheben. Bestsellerautorin Marianne Williamson zeigt, dass jedem Schmerz eine Botschaft innewohnt. Wenn wir ihrem Ruf folgen, wird es uns gelingen, glücklicher und weiser zu leben.

TRINITY